글로벌시대!!

★ 세계의 가장 많은 인구가 공부하는 정자, 간자, 약자가 술술~

★ 세계의 가장 많은 인구가 사용하는 한중일한자가 술술~ 미국에서도 유럽에서도~

★ 모든 한자시험이 동시에 술술~

★ 한국, 중국, 일본 등의 교과서 어휘가 술술~

★ 한중일 FTA(자유무역협정)시대 필수소양이 술술~

술술 풀리는

한중일한자

창의융합교육

글로벌시대!!

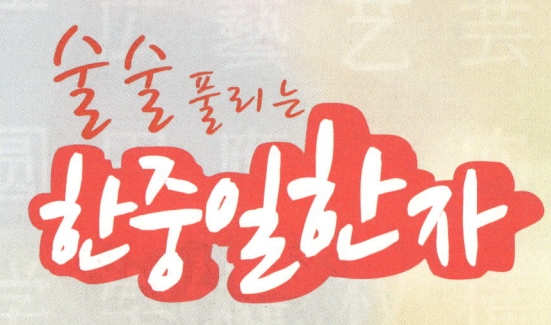

술술 풀리는 한중일한자는 창의적 재량활동 교재와 e-러닝강의입니다.
한국어 교과서 어휘력은 물론 중국어, 일본어, 영어의 어휘력과 다국적 사고력이 동시에 길러지고,
어문융합의 창의력이 유발되어 4개국어의 기반이 됩니다.
누구나 따라만 하면 쉽게 익힐 수 있습니다.

술술 풀리는

한중일한자

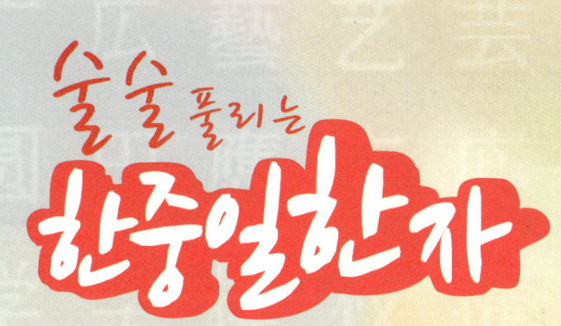

누구나 갖춰야 할 기본소양입니다.

글로벌시대!!

자기소개서를 간자, 약자, 정자로 그리고 영어로 쓰는 시대입니다.
한자 문화권의 일반 사람들과는 간자, 약자, 정자를 병음이나 가나로
기초영어와 융합해 사용하면 영어로만 말하는 것보다도 더 잘 소통됩니다.
약 13억 인구인 중국 등 동남아 사람들은 영어보다 한자어를 사용하기 때문입니다.
세계 모든 나라 기업체도 관공서도 한중일한자를 원합니다.

처음알기

한중일한자란 무엇일까요?

한자는 본래 같은 모형이었으나
한국, 중국, 일본에서 서로 같거나 다른 모형으로 사용합니다.

정자?

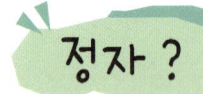

한자 본래 모형대로 사용하는 한자입니다. 한국과 대만 등에서 주로 사용됩니다.

예 **廣**(넓을 **광**), **畵**(그림 **화**)

간자?

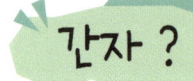

중국에서 복잡한 정자를 간략화한 한자를 말합니다(간체자라고도 함).
13억 인구의 중국과 유엔(UN) 등 세계 각국에서 사용됩니다.

예 广 (꾸앙 guǎng, 넓을 **광**), 画 (후아 huà, 그림 **화**)

약자?

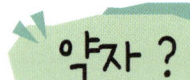

일본에서 정자의 점이나 획을 간략화한 한자를 말합니다.
일본, 한국 등 세계 각국에서 정자와 혼용되어 사용됩니다.
우리나라에서는 일본의 자판이 사용되어 약자가 함께 쓰여지고 있습니다.

예 広 (코: こう, 넓을 **광**), 画 (에 え, 그림 **화**)

술술 풀리는 한중일한자를 공부하면 나의 미래가 세계로 열린다!

1 단계 9급

차례

내용구성

01. 정자, 간자, 약자의
    듣기, 말하기, 쓰기, 읽기 따라하기
02. 한 눈에 쓰기 1차 연습
03. 차시별 확인 학습
04. 차시별 OX 문제
05. 한 눈에 쓰기 2차 연습

〈일러두기〉

- 한자 배열은 가나다순에 따름
- 간자는 뜻(훈)에 따라 병음으로 표기
- 약자는 소리(음)에 따라 가나로 표기
  (약자를 낱자로 익히는 데는 음독을 통한 습득이 효과적임)

세계에서 가장 많은 인구가 사용하는 한중일한자!

세계에서 가장 많은 인구가 공부하는 한중일한자!

쉬어가기

더보기 차례

한국어, 중국어, 일본어가 술술~ 영어까지 술술~

제 1 차시 술술 풀리는 한중일한자 e-러닝 강의

01 정자, 간자, 약자의 듣기, 말하기, 쓰기, 읽기 따라 하기

9급 01 차시

한국지식재단

술술 풀리는 한중일한자

한중일한자교육개발원

01

車 수레 차/거

부수 車 수레 거

馬車 마차, 車主 차주

車 수레 차 / 수레 거

车 처, 쮜 chē, jū

車 샤 しゃ

車

car

02

高 높을 고

부수 高 높을 고

高音 고음

高 높을 고

高 까오 gāo

高 코: こう

高

high

03

工 장인 공

부수 工 장인 공

工夫 공부, 手工 수공

工 장인 공

工 꿍 gōng

工 코: こう

工

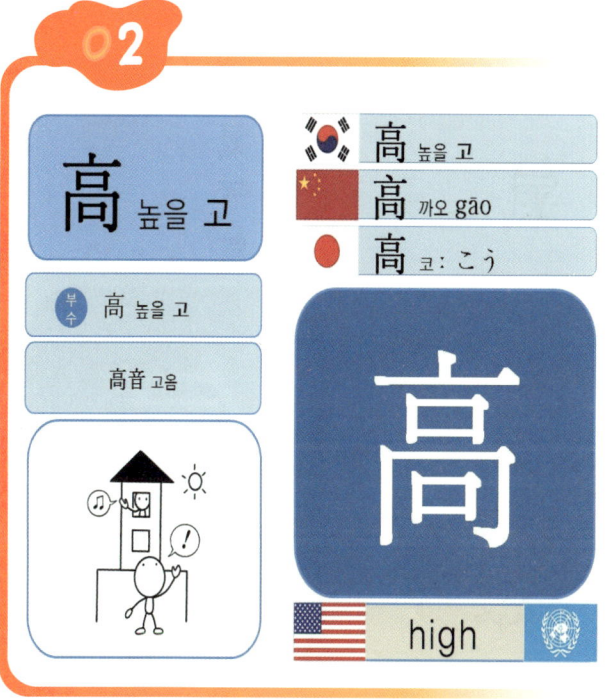

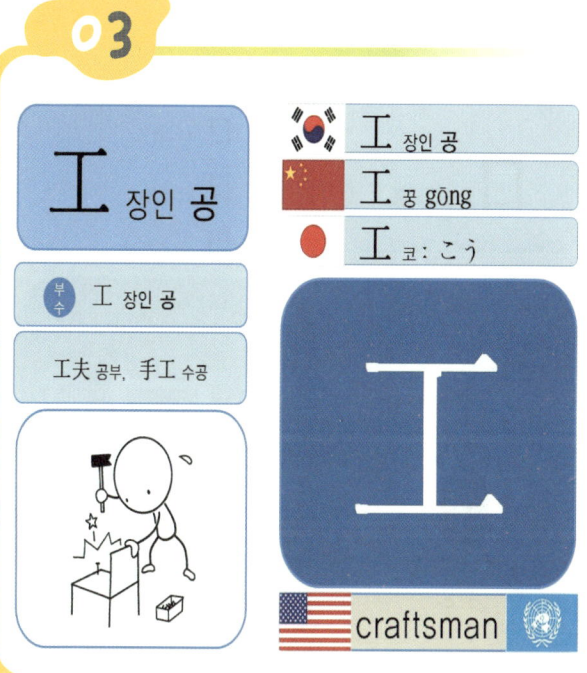

craftsman

04

果 실과 과

부수 木 나무 목

成果 성과

韓	果 실과 과
中	果 꾸워 guǒ
日	果 카 か

果

fruit

05

交 사귈 교

부수 亠 돼지해머리

外交 외교

韓	交 사귈 교
中	交 찌아오 jiāo
日	交 코: こう

交

make friends

06

口 입 구

부수 口 입 구

家口 가구, 入口 입구

韓	口 입 구
中	口 커우 kǒu
日	口 코: こう

口

mouth

07

氣 기운 기

부수 气 기운 기

氣力 기력, 大氣 대기

韓	氣 기운 기
中	气 치 qì
日	気 키, 케 き, け

氣

energy

02 한 눈에 쓰기 1차 연습

정자, 약자, 간자를 순서에 따라 써보세요.

01 car 一 厂 万 币 百 亘 車 부수자 : 車 수레 차

車 수레 차/거	車							
車 수레 거	車 (샤 しゃ)							
车 수레 거	车 (처 chē)							

02 high 丶 亠 亠 亡 古 亨 亭 高 高 高 부수자 : 高 높을 고

高 높을 고	高							
高 높을 고	高 (코: こう)							
高 높을 고	高 (까오 gāo)							

03 craftsman 一 丅 工 부수자 : 工 장인 공

工 장인 공	工							
工 장인 공	工 (코: こう)							
工 장인 공	工 (꿍 gōng)							

04 fruit ㇑ ㇕ 口 旦 甲 果 果 果 — 부수자 : 木 나무 목

果 실과 과	果								
果 실과 과	果 (카 か)								
果 실과 과	果 (꾸워 guǒ)								

05 make friends 丶 亠 六 六 交 交 — 부수자 : 亠 돼지해머리

交 사귈 교	交								
交 사귈 교	交 (코: こう)								
交 사귈 교	交 (찌아오 jiāo)								

06 mouth 丨 ㇕ 口 — 부수자 : 口 입 구

口 입 구	口								
口 입 구	口 (코: こう)								
口 입 구	口 (커우 kǒu)								

07 energy ノ ㇒ 𠂉 气 气 气 气 氧 氣 氣 — 부수자 : 气 기운 기

氣 기운 기	氣								
気 기운 기	気 (키 き)								
气 기운 기	气 (치 qì)								

03 차시별 확인 학습

다음 한자와 관련있는 것 끼리 연결하세요.

확인문제

01.	車	① 입	㉠ 车
02.	高	② 수레	㉡ 고
03.	工	③ 높다	㉢ 気
04.	口	④ 기운	㉣ 구
05.	氣	⑤ 장인	㉤ 공

확인 답안

01. 車, ②, ㉠ 02. 高, ③, ㉡ 03. 工, ⑤, ㉤
04. 口, ①, ㉣ 05. 氣, ④, ㉢

04 차시별 OX 문제

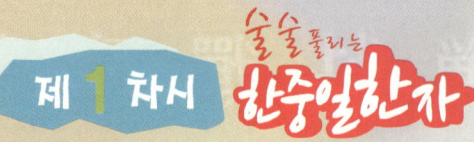

다음 문제를 읽고 O, X로 풀어보세요.

OX 문제

01. 车는 수레 **차**의 간자이다. O X

02. 工은 실과 **과**라고 읽는다. O X

03. 口는 입 **구**라고 읽는다. O X

04. 気는 기운 **기**의 간자이다. O X

OX 답안

01. O
02. X 工 - 장인 공
03. O
04. X 기운 기의 약자

05 한 눈에 쓰기 2차 연습

정자, 약자, 간자를 복습해서 써보세요.

01 car

一 ㄏ 冂 戸 百 亘 車

부수자 : 車 수레 차

車 수레 차/거	車							
車 수레 거	車 (샤 しゃ)							
车 수레 거	车 (처 chē)							

02 high

丶 亠 亣 亠 亩 户 高 高 高 高

부수자 : 高 높을 고

高 높을 고	高							
高 높을 고	高 (코: こう)							
高 높을 고	高 (까오 gāo)							

03 craftsman

一 丅 工

부수자 : 工 장인 공

工 장인 공	工							
工 장인 공	工 (코: こう)							
工 장인 공	工 (꿍 gōng)							

04 fruit

丶 口 日 日 旦 里 果 果

부수자: 木 나무 목

果 실과 과	果	
果 실과 과	果 (카 か)	
果 실과 과	果 (꾸워 guǒ)	

05 make friends

丶 亠 六 六 交 交

부수자: 亠 돼지해머리

交 사귈 교	交	
交 사귈 교	交 (코: こう)	
交 사귈 교	交 (찌아오 jiāo)	

06 mouth

丨 口 口

부수자: 口 입 구

口 입 구	口	
口 입 구	口 (코: こう)	
口 입 구	口 (커우 kǒu)	

07 energy

丿 ⺈ ⺈ 气 气 气 氣 氣 氣 氣

부수자: 气 기운 기

氣 기운 기	氣	
気 기운 기	気 (키 き)	
气 기운 기	气 (치 qì)	

쉬어가기

한자 쓰는 순서를 알아봅시다 하나

한자를 쓸 때 쓰는 순서에 따르면 쉽고 빠르게, 좋은 모양으로 쓰여집니다.

1 위에서 아래로 쓴다. 예 言, 工

三 ㇐ 二 三

2 왼쪽에서 오른쪽으로 쓴다. 예 川, 休

仁 ノ 亻 亻一 仁

3 가로획을 먼저 쓰고, 세로획은 나중에 쓴다. 예 大, 世

十 一 十

4 좌우대칭일 경우에는 가운데 획을 먼저 쓰고 왼쪽, 오른쪽 순으로 쓴다. 예 山, 水

小 亅 小 小

5 가로획과 세로획이 교차할 때는 가로획을 먼저 쓴다. 예 古, 去

木 一 十 才 木

6 글자 전체를 꿰뚫는 획은 맨 나중에 쓴다. 예 母, 女, 車, 事

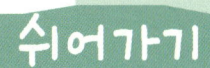

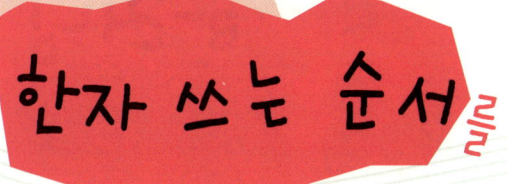

中 丨 冂 口 中

제 2 차시 술술 풀리는 한중일한자 e-러닝 강의

01 정자, 간자, 약자의 듣기, 말하기, 쓰기, 읽기 따라 하기

01

女 계집 녀

- 🇰🇷 女 계집 녀
- 🇨🇳 女 뉘 nǚ
- 🇯🇵 女 죠 じょ

부수: 女 계집 녀

子女 자녀, 母女 모녀

女 — woman

02

大 큰 대

- 🇰🇷 大 큰 대
- 🇨🇳 大 따, 따이 dà, dài
- 🇯🇵 大 다이 だい

부수: 大 큰 대

大門 대문, 大學 대학

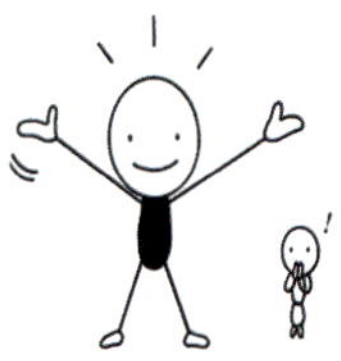

大 — big

03

力 힘 력

- 🇰🇷 力 힘 력
- 🇨🇳 力 리 lì
- 🇯🇵 力 료쿠, 리키 りょく, りき

부수: 力 힘 력

人力 인력, 火力 화력

力 — strength

04

老 늙을 로

- 老 늙을 로
- 老 라오 lǎo
- 老 로: ろう

부수: 老 늙을 로

老母 노모, 老人 노인

老

old

05

立 설 립

- 立 설 립
- 立 리 lì
- 立 리츠 りつ

부수: 立 설 립

立

stand

06

馬 말 마

- 馬 말 마
- 马 마 mǎ
- 馬 바 ば

부수: 馬 말 마

馬車 마차

馬

horse

07

萬 일만 만

- 萬 일만 만
- 万 완 wàn
- 万 만 まん

부수: ++ 초 두

十萬 십만

萬

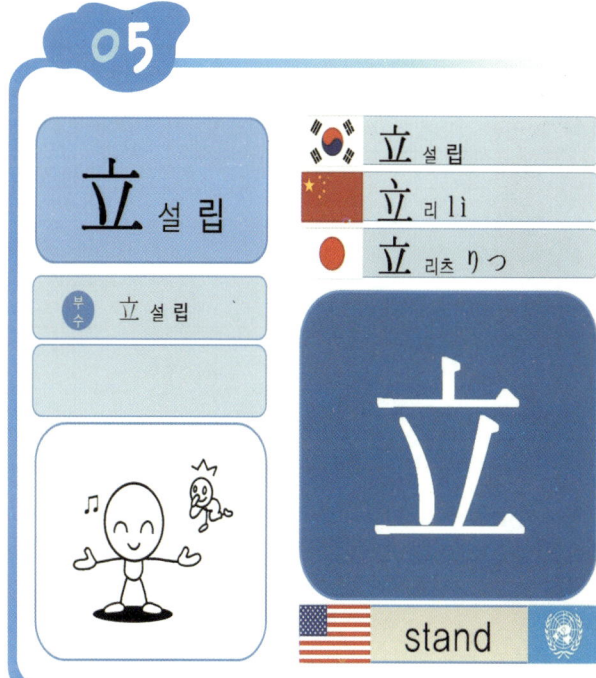

ten thousand

02 한 눈에 쓰기 1차 연습

정자, 약자, 간자를 순서에 따라 써보세요.

01 woman く 女 女 부수자 : 女 여자 녀

女 여자 녀	女							
女 계집 녀	女 (죠 じょ)							
女 계집 녀	女 (뉘 nǚ)							

02 big 一 ナ 大 부수자 : 大 큰 대

大 큰 대	大							
大 큰 대	大 (다이 だい)							
大 큰 대	大 (따 dà)							

03 strength ㇇ 力 부수자 : 力 힘 력

力 힘 력	力							
力 힘 력	力 (료쿠 りょく)							
力 힘 력	力 (리 lì)							

04 old

一 十 土 耂 老 老

부수자: 老 늙을 로

老 늙을 로	老	
老 늙을 로	老 (로: ろう)	
老 늙을 로	老 (라오 lǎo)	

05 stand

丶 亠 亣 立 立

부수자: 立 설 립

立 설 립	立	
立 설 립	立 (리츠 りつ)	
立 설 립	立 (리 lì)	

06 horse

丨 厂 冂 冃 冄 馬 馬 馬 馬 馬

부수자: 馬 말 마

馬 말 마	馬	
馬 말 마	馬 (바 ば)	
马 말 마	马 (마 mǎ)	

07 ten thousand

丶 亠 艹 艹 艹 节 苗 苗 萬 萬 萬 萬 萬

부수자: 艹 초두머리

萬 일만 만	萬	
万 일만 만	万 (만 まん)	
万 일만 만	万 (완 wàn)	

9급 02 차시

03 차시별 확인 학습

다음 한자와 관련있는 것 끼리 연결하세요.

확인문제

01.	大	① 힘	㉠ 력
02.	力	② 큰	㉡ 马
03.	老	③ 말	㉢ 대
04.	馬	④ 일만	㉣ 로
05.	萬	⑤ 늙다	㉤ 万

확인 답안

01. 大, ②, ㉢ 02. 力, ①, ㉠ 03. 老, ⑤, ㉣
04. 馬, ③, ㉡ 05. 萬, ④, ㉤

04 차시별 OX 문제

다음 문제를 읽고 O, X로 풀어보세요.

OX 문제

01. 大는 계집 녀라고 읽는다. O X

02. 工力은 공력이라고 읽는다. O X

03. 馬(말 마)의 간자는 马이다. O X

04. 萬(일만 만)의 약자는 万이다. O X

OX 답안

01. X 大-큰 대

02. O

03. O

04. O

05 한 눈에 쓰기 2차 연습

정자, 약자, 간자를 복습해서 써보세요.

01 woman ㄑ 夂 女 — 부수자 : 女 여자 녀

女 계집 녀	女							
女 계집 녀	女 (죠 じょ)							
女 계집 녀	女 (뉘 nǚ)							

02 big 一 ナ 大 — 부수자 : 大 큰 대

大 큰 대	大							
大 큰 대	大 (다이 だい)							
大 큰 대	大 (따 dà)							

03 strength フ 力 — 부수자 : 力 힘 력

力 힘 력	力							
力 힘 력	力 (료쿠 りょく)							
力 힘 력	力 (리 lì)							

04 old　一 十 土 耂 耂 老　부수자 : 老 늙을 로

老 늙을 로	老							
老 늙을 로	老 (로: ろう)							
老 늙을 로	老 (라오 lǎo)							

05 stand　丶 亠 亠 立 立　부수자 : 立 설 립

立 설 립	立							
立 설 립	立 (리츠 りつ)							
立 설 립	立 (리 lì)							

06 horse　丨 厂 厈 厓 馬 馬 馬 馬 馬 馬　부수자 : 馬 말 마

馬 말 마	馬							
馬 말 마	馬 (바 ば)							
马 말 마	马 (마 mǎ)							

07 ten thousand　丶 丷 艹 艹 芍 苩 苩 苩 萬 萬 萬 萬 萬　부수자 : 艹 초두머리

萬 일만 만	萬							
万 일만 만	万 (만 まん)							
万 일만 만	万 (완 wàn)							

9급 02 차시

쉬어가기

한자 쓰는 순서를 알아봅시다 둘

한자를 쓸 때 쓰는 순서에 따르면 쉽고 빠르게, 좋은 모양으로 쓰여집니다.

7 글자 가로를 꿰뚫는 획은 나중에 쓴다. 예 子

子 ㇇ 了 子

8 삐침(丿)과 파임(丶)이 함께 쓰일 때는 삐침을 먼저 쓴다. 예 文, 欠

父 丿 八 父 父

9 오른쪽 위의 점은 마지막에 찍는다. 예 代, 成

犬 一 ナ 大 犬

10 둘러싼 모양의 경우에는 바깥쪽인 몸을 먼저 쓴다. 예 內, 國

同 丨 冂 冂 同 同 同

11 받침은 마지막에 쓴다. 예 道, 遠, 建

近 丿 厂 斤 斤 䜣 沂 䜣 近

12 받침 중 **起, 匙** 등의 받침은 먼저 쓴다.

제 3 차시

술술 풀리는 **한중일한자** e-러닝 강의

01 정자, 간자, 약자의 듣기, 말하기, 쓰기, 읽기 따라 하기

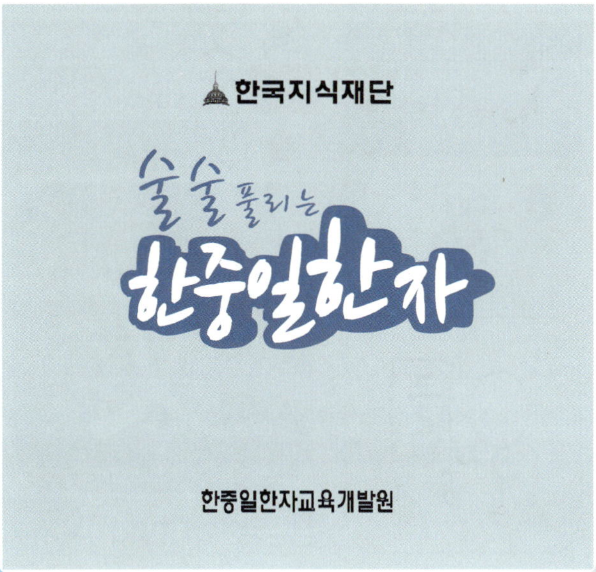

01

面 낯, 밀가루 면

부수 面 낯 면

面目 면목, 水面 수면

🇰🇷	面 낯, 밀가루 면
🇨🇳	面 미앤 miàn
🇯🇵	面 멘 めん

面

face

02

母 어미 모

부수 毋 말 무

父母 부모, 生母 생모

🇰🇷	母 어미 모
🇨🇳	母 무 mǔ
🇯🇵	母 보 ぼ

母

mother

03

木 나무 목

부수 木 나무 목

古木 고목, 草木 초목

🇰🇷	木 나무 목
🇨🇳	木 무 mù
🇯🇵	木 보쿠, 모쿠 ぼく, もく

木

tree

04

目 눈 목

- 🇰🇷 目 눈 목
- 🇨🇳 目 무 mù
- 🇯🇵 目 모쿠 もく

부수 目 눈 목

面目 면목

目

eye

05

文 글월, 무늬 문

- 🇰🇷 文 글월 문
- 🇨🇳 文 원 wén
- 🇯🇵 文 분 ぶん

부수 文 글월 문

文學 문학, 學文 학문

文

writing

06

門 문 문

- 🇰🇷 門 문 문
- 🇨🇳 门 먼 mén
- 🇯🇵 門 몬 もん

부수 門 문 문

大門 대문

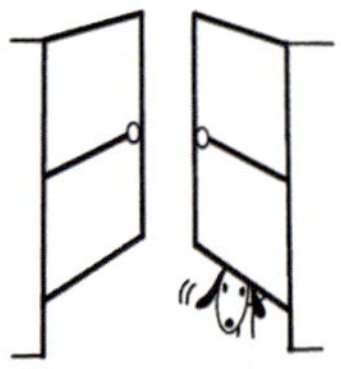

門

door

07

父 아비 부

- 🇰🇷 父 아비 부
- 🇨🇳 父 푸 fù
- 🇯🇵 父 후 ふ

부수 父 아비 부

父母 부모, 父子 부자

父

father

02 한 눈에 쓰기 1차 연습

정자, 약자, 간자를 순서에 따라 써보세요.

01 face

一 丆 丅 丙 而 而 而 面 面

부수자: 面 낯 면

面 낯, 밀가루 면	面	
面 낯 면	面 (멘 めん)	
面 낯 면	面 (미앤 miàn)	

02 mother

ㄴ 毋 毋 母 母

부수자: 毋 말 무

母 어머니 모	母	
母 어미 모	母 (보 ぼ)	
母 어미 모	母 (무 mǔ)	

03 tree

一 十 才 木

부수자: 木 나무 목

木 나무 목	木	
木 나무 목	木 (보쿠 ぼく)	
木 나무 목	木 (무 mù)	

04 eye

丨 冂 月 月 目

부수자 : 目 눈 목

目 눈 목	目							
目 눈 목	目 (모쿠 もく)							
目 눈 목	目 (무 mù)							

05 writing

丶 亠 ナ 文

부수자 : 文 글월 문

文 글 월, 무늬 문	文							
文 글 월 문	文 (분 ぶん)							
文 글 월 문	文 (원 wén)							

06 door

丨 𠃌 𠃍 户 戶 門 門 門

부수자 : 門 문 문

門 문 문	門							
門 문 문	門 (몬 もん)							
门 문 문	门 (먼 mén)							

07 father

丿 八 グ 父

부수자 : 父 아비 부

父 아버지 부	父							
父 아비 부	父 (후 ふ)							
父 아비 부	父 (푸 fù)							

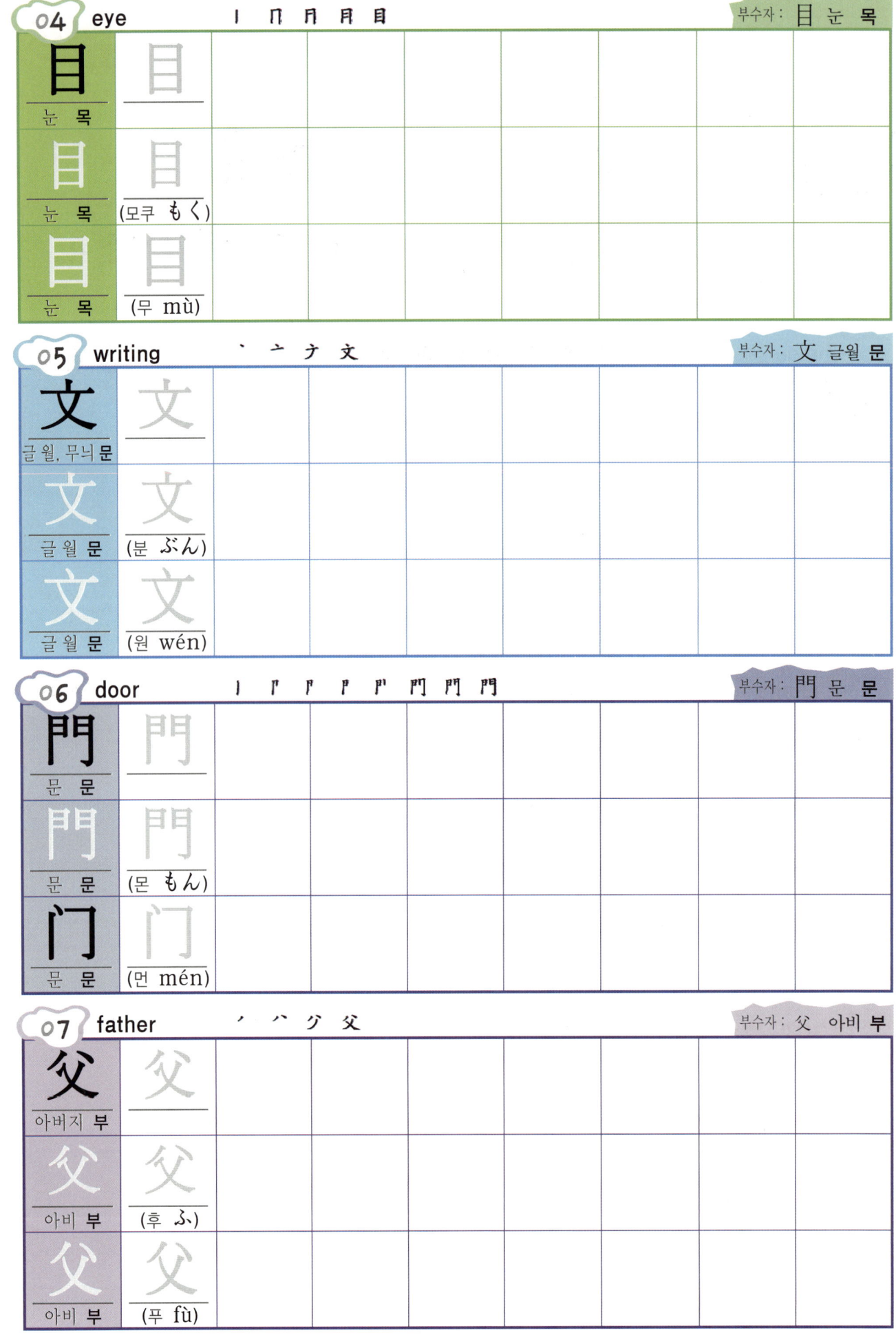

03 차시별 확인 학습

다음 한자와 관련있는 것 끼리 연결하세요.

확인 문제

01.	面	① 어미	㉠ 모
02.	母	② 문	㉡ 문
03.	木	③ 낯	㉢ 면
04.	門	④ 아비	㉣ 목
05.	父	⑤ 나무	㉤ 부

확인 답안

01. 面, ③, ㉢ 02. 母, ①, ㉠ 03. 木, ⑤, ㉣
04. 門, ②, ㉡ 05. 父, ④, ㉤

04 차시별 OX 문제

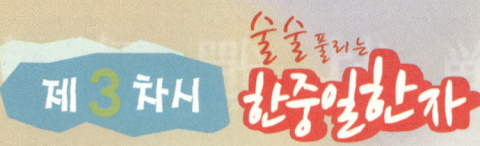

다음 문제를 읽고 O, X로 풀어보세요.

OX 문제

01. 面目은 면목이라고 읽는다. O X

02. 木은 눈 목이라고 읽는다. O X

03. 門(문 문)의 간자는 门이다. O X

04. 父母는 엄마라고 읽는다. O X

OX 답안

01. O

02. X 木(나무 목)

03. O 門(문 문)

04. X 부모 - 父(아비 부), 母(어미 모)

05 한 눈에 쓰기 2차 연습

정자, 약자, 간자를 복습해서 써보세요.

01 face　一 ア ㄏ 丙 丙 而 而 而 面　부수자 : 面 낯 면

面 낯, 밀가루 면	面	
面 낯 면	面 (멘 めん)	
面 낯 면	面 (미앤 miàn)	

02 mother　ㄴ 𠃊 母 母 母　부수자 : 毋 말 무

母 어미 모	母	
母 어미 모	母 (보 ぼ)	
母 어미 모	母 (무 mǔ)	

03 tree　一 十 才 木　부수자 : 木 나무 목

木 나무 목	木	
木 나무 목	木 (보쿠 ぼく)	
木 나무 목	木 (무 mù)	

04 eye

丨 冂 月 月 目

부수자 : 目 눈 목

目 눈 목	目
目 눈 목	目 (모쿠 もく)
目 눈 목	目 (무 mù)

05 writing

丶 亠 ナ 文

부수자 : 文 글월 문

文 글 월, 무늬 문	文
文 글 월 문	文 (분 ぶん)
文 글 월 문	文 (원 wén)

06 door

丨 𠃌 𠃌 戶 門 門 門 門

부수자 : 門 문 문

門 문 문	門
門 문 문	門 (몬 もん)
门 문 문	门 (먼 mén)

07 father

丿 八 ク 父

부수자 : 父 아비 부

父 아비 부	父
父 아비 부	父 (후 ふ)
父 아비 부	父 (푸 fù)

한자를

처음 공부할 때 알아두면 좋아요

쉬어가기

한자란?

중국의 글자를 말합니다.
보통 한자의 한 자 한 자를 말합니다. 한자는 6만 자가 넘습니다.

예 天 (하늘 **천**), 人 (사람 **인**)

한자어란?

한자로 된 낱말을 말합니다.
낱말은 글자 두 개 이상이 모여서 만들어진 따로따로의 한 말을 말합니다.
단어라고도 합니다.

예 學校 (**학교**), 學生 (**학생**)

필순이란?

한 자의 글자를 쓸 때에 점과 선 등을 쓰는 순서를 말합니다.

예 天 (하늘 **천**)자를 쓰는 순서는 一 二 チ 天

음이란?

한자의 읽기(소리)를 말합니다. (音 : 소리 **음**)

훈이란?

한자의 뜻을 말합니다. (訓 : 가르칠 **훈**)

제 4 차시

술술 풀리는 한중일한자 e-러닝 강의

01 정자, 간자, 약자의 듣기, 말하기, 쓰기, 읽기 따라 하기

한국지식재단

술술 풀리는 한중일한자

한중일한자교육개발원

01

夫 지아비 부

부수 大 큰 대

工夫 공부, 夫人 부인

한국	夫 지아비 부
중국	夫 푸 fū
일본	夫 후 ふ

夫

husband

02

絲 실 사

부수 糸 실 사

絹絲 견사

한국	絲 실 사
중국	丝 쓰 sī
일본	糸 시 し

絲

thread

03

山 뫼 산

부수 山 뫼 산

山水 산수, 火山 화산

한국	山 뫼 산
중국	山 싼 shān
일본	山 산 さん

山

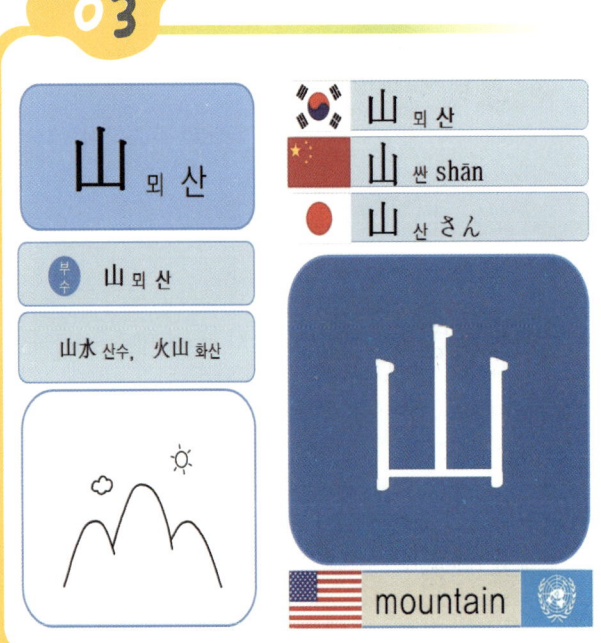

mountain

04

石 돌 석

- 石 돌 석
- 石 쓰 shí
- 石 세키 せき

부수 石 돌 석

石油 석유, 化石 화석

石

stone

05

夕 저녁 석

- 夕 저녁 석
- 夕 씨 xī
- 夕 세키 せき

부수 夕 저녁 석

秋夕 추석

夕

evening

06

水 물 수

- 水 물 수
- 水 쑤이 shuǐ
- 水 스이 すい

부수 水 물 수

山水 산수, 水面 수면

水

water

07

手 손 수

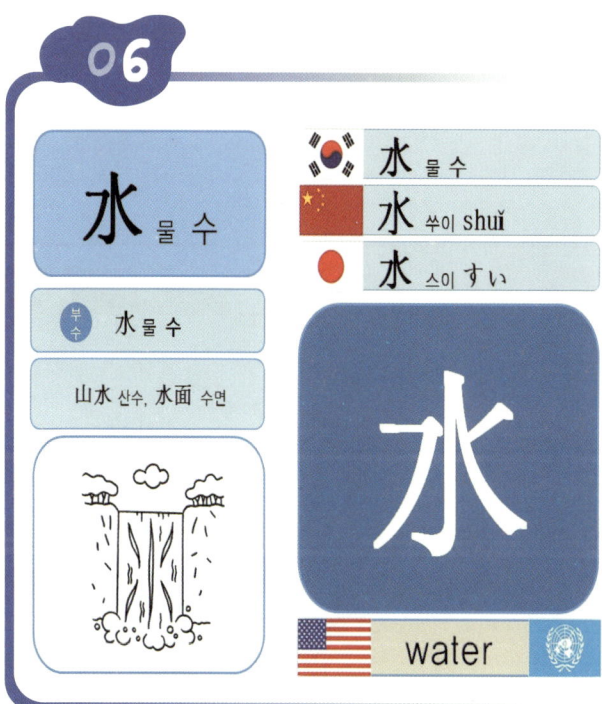

- 手 손 수
- 手 써우 shǒu
- 手 슈 しゅ

부수 手 손 수

手工 수공, 手中 수중

手

hand

02 한 눈에 쓰기 1차 연습

정자, 약자, 간자를 순서에 따라 써보세요.

01 husband 一 二 夫 夫 부수자: 大 큰 대

夫 남편 부	夫								
夫 지아비 부	夫 (후 ふ)								
夫 지아비 부	夫 (푸 fū)								

02 thread 부수자: 糸 실 사

絲 실 사	絲								
糸 실 사	糸 (시 し)								
丝 실 사	丝 (쓰 sī)								

03 mountain 丨 山 山 부수자: 山 메 산

山 뫼 산	山								
山 뫼 산	山 (산 さん)								
山 뫼 산	山 (싼 shān)								

04 stone

一 丆 丆 石 石

부수자 : 石 돌 석

石 돌 석	石							
石 돌 석	石 (세키 せき)							
石 돌 석	石 (쓰 shí)							

05 evening

丿 ク 夕

부수자 : 夕 저녁 석

夕 저녁 석	夕							
夕 저녁 석	夕 (세키 せき)							
夕 저녁 석	夕 (씨 xī)							

06 water

亅 才 水 水

부수자 : 水 물 수

水 물 수	水							
水 물 수	水 (스이 すい)							
水 물 수	水 (쑤이 shuǐ)							

07 hand

一 二 三 手

부수자 : 手 손 수

手 손 수	手							
手 손 수	手 (슈 しゅ)							
手 손 수	手 (써우 shǒu)							

9급 04 차시

03 차시별 확인 학습

다음 한자와 관련있는 것 끼리 연결하세요.

확인문제

01. 夫	① 지아비	㉠ 석
02. 絲	② 물	㉡ 丝
03. 山	③ 뫼	㉢ 산
04. 石	④ 실	㉣ 부
05. 水	⑤ 돌	㉤ 수

확인 답안

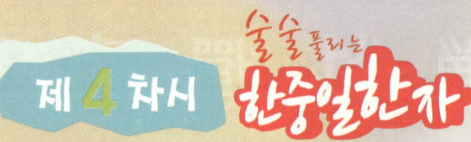

01. 夫, ①, ㉣ 02. 絲, ④, ㉡ 03. 山, ③, ㉢
04. 石, ⑤, ㉠ 05. 水, ②, ㉤

04 차시별 OX 문제

다음 문제를 읽고 O, X로 풀어보세요.

OX 문제

01. 夫는 지아비 부라고 읽는다. O X

02. 絲(실 사)의 약자는 丝이다. O X

03. 夕은 저녁 석이라고 읽는다. O X

04. 水는 나무 목이라고 읽는다. O X

OX 답안

01. O

02. X 糸(약자)

03. O

04. X 水(물 수)

05 한 눈에 쓰기 2차 연습

정자, 약자, 간자를 복습해서 써보세요.

01 husband 一 二 夫 夫 부수자: 大 큰 대

夫 지아비 부	夫								
夫 지아비 부	夫 (후 ふ)								
夫 지아비 부	夫 (푸 fū)								

02 thread 부수자: 糸 실 사

絲 실 사	絲								
糸 실 사	糸 (시 し)								
丝 실 사	丝 (쓰 sī)								

03 mountain 丨 山 山 부수자: 山 메 산

山 뫼 산	山								
山 뫼 산	山 (산 さん)								
山 뫼 산	山 (싼 shān)								

04 stone

一 丆 不 石 石

부수자 : 石 돌 석

石 돌 석	石							
石 돌 석	石 (세키 せき)							
石 돌 석	石 (쓰 shí)							

05 evening

ノ ク 夕

부수자 : 夕 저녁 석

夕 저녁 석	夕							
夕 저녁 석	夕 (세키 せき)							
夕 저녁 석	夕 (씨 xī)							

06 water

亅 才 水 水

부수자 : 水 물 수

水 물 수	水							
水 물 수	水 (스이 すい)							
水 물 수	水 (쑤이 shuǐ)							

07 hand

一 二 三 手

부수자 : 手 손 수

手 손 수	手							
手 손 수	手 (슈 しゅ)							
手 손 수	手 (써우 shǒu)							

9급 04 차시

한자는 언제 만들었을까요?

중국에서 가장 오래된 한자는 갑골문입니다.

한자는 누가?

한자를 만든 사람에 대해서는 여러 설이 있습니다.
역사를 기록하던 사관 창힐이 새의 발자국을 보고 만들었다는 기록이 있고,
복희에 의해서 만들어졌다고도 전해집니다.

갑골문(甲骨文)

그러나, 한자가 누구에 의해 만들어졌다기보다는 오랜 시간을 지나오며 발전되어 오늘의 형성한자가 만들어졌습니다. 이를 볼 수 있는 것이 갑골문(甲骨文)입니다.

갑골문은 중국 은주 시대(殷周時代)에
거북의 등껍질이나 짐승의 뼈에 점괘를 새겨
해석할 때 쓴 상형 문자(象形文字)입니다.

이후 갑골문이 여러 형태의 서체로 변천하여
지금의 한자가 이루어졌습니다.

따라서 현재 가장 오래된 한자는 갑골문입니다.

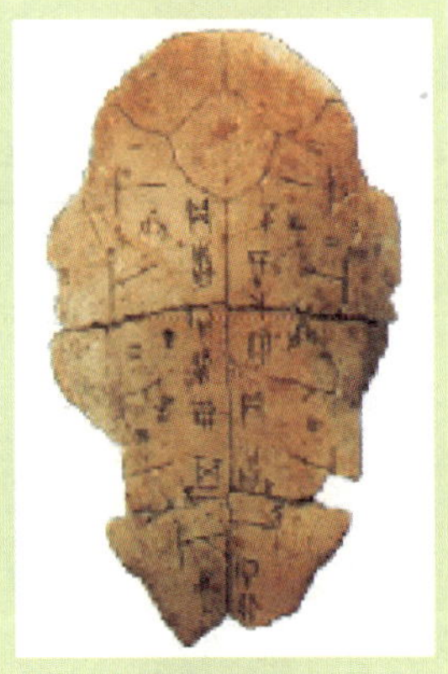

▲ 갑골문

제 5 차시

술술 풀리는 **한중일한자** e-러닝 강의

01 정자, 간자, 약자의 듣기, 말하기, 쓰기, 읽기 따라 하기

01

身 몸 신	🇰🇷 身 몸 신
	🇨🇳 身 썬 shēn
	🇯🇵 身 신 しん
부수 身 몸 신	
自身 자신	

身

body

02

心 마음 심	🇰🇷 心 마음 심
	🇨🇳 心 씬 xīn
	🇯🇵 心 신 しん
부수 心 마음 심	
人心 인심, 中心 중심	

心

mind

03

兒 아이 아	🇰🇷 兒 아이 아
	🇨🇳 儿 얼 ér
	🇯🇵 児 지 じ
부수 儿 어진사람 발	
兒童 아동	

兒

child

9급 05 차시

04

羊 양 양

🇰🇷 羊 양 양
🇨🇳 羊 양 yáng
🇯🇵 羊 요: よう

부수 羊 양 양

羊

sheep

05

魚 고기 어

🇰🇷 魚 고기 어
🇨🇳 魚 위 yú
🇯🇵 魚 교 ぎょ

부수 魚 고기 어

魚

fish

06

玉 옥 옥

🇰🇷 玉 옥 옥
🇨🇳 玉 위 yù
🇯🇵 玉 교쿠 ぎょく

부수 玉 옥 옥

玉

jade

07

王 임금 왕

🇰🇷 王 임금 왕
🇨🇳 王 왕 wáng
🇯🇵 王 오: おう

부수 王 구슬옥변

王

king

02 한 눈에 쓰기 1차 연습

정자, 약자, 간자를 순서에 따라 써보세요.

01 body — 부수자 : 身 몸 신

身 몸 신	身							
身 몸 신	身 (신 しん)							
身 몸 신	身 (썬 shēn)							

02 mind — 부수자 : 心 마음 심

心 마음 심	心							
心 마음 심	心 (신 しん)							
心 마음 심	心 (씬 xīn)							

03 child — 부수자 : 儿 어진사람인발

兒 아이 아	兒							
児 아이 아	児 (지 じ)							
儿 아이 아	儿 (얼 ér)							

04 sheep

丶 丷 䒑 䒑 兰 羊

부수자 : 羊 양 양

羊 양 양	羊							
羊 양 양	羊 (요: よう)							
羊 양 양	羊 (양 yáng)							

05 fish

丿 ⺈ 𠂊 各 呑 备 鱼 角 魚 魚 魚

부수자 : 魚 고기 어

魚 고기 어	魚							
魚 고기 어	魚 (교 ぎょ)							
鱼 고기 어	鱼 (위 yú)							

06 jade

一 丁 干 王 玉

부수자 : 玉 구슬 옥

玉 옥 옥	玉							
玉 옥 옥	玉 (교쿠 ぎょく)							
玉 옥 옥	玉 (위 yù)							

07 king

一 丁 干 王

부수자 : 玉 구슬옥변

王 임금 왕	王							
王 임금 왕	王 (오: おう)							
王 임금 왕	王 (왕 wáng)							

03 차시별 확인 학습

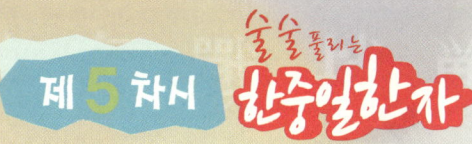

다음 한자와 관련있는 것 끼리 연결하세요.

확인문제

01. 身	① 임금	㉠ 鱼
02. 兒	② 아이	㉡ 양
03. 羊	③ 고기	㉢ 왕
04. 魚	④ 몸	㉣ 児
05. 王	⑤ 양	㉤ 신

확인 답안

01. 身, ④, ㉤ 02. 兒, ②, ㉣ 03. 羊, ⑤, ㉡
04. 魚, ③, ㉠ 05. 王, ①, ㉢

04 차시별 OX 문제

다음 문제를 읽고 O, X로 풀어보세요.

OX 문제

01. 身은 몸 신이라고 읽는다. O X

02. 兒(아이 아)의 약자는 儿이다. O X

03. 魚(고기 어)의 간자는 鱼이다. O X

04. 玉은 임금 왕이라고 읽는다. O X

OX 답안

01. O

02. X 児(약자)

03. O

04. X 玉(옥 옥)

05 한 눈에 쓰기 2차 연습

정자, 약자, 간자를 복습해서 써보세요.

01 body ㇒ ㇒ 门 自 自 身 身 — 부수자: 身 몸 신

身 몸 신	身								
身 몸 신	身 (신 しん)								
身 몸 신	身 (썬 shēn)								

02 mind ㇒ 心 心 心 — 부수자: 心 마음 심

心 마음 심	心								
心 마음 심	心 (신 しん)								
心 마음 심	心 (씬 xīn)								

03 child ㇒ 亻 亻 白 白 白 臼 兒 — 부수자: 儿 어진사람인발

兒 아이 아	兒								
児 아이 아	児 (지 じ)								
儿 아이 아	儿 (얼 ér)								

9급 05 차시

04 sheep

丶 丷 䒑 兰 兰 羊

부수자 : 羊 양 양

羊 양 양	羊							
羊 양 양	羊 (요: よう)							
羊 양 양	羊 (양 yáng)							

05 fish

丿 ⺈ ⺈ 各 角 角 角 魚 魚 魚 魚

부수자 : 魚 고기 어

魚 고기 어	魚							
魚 고기 어	魚 (교 ぎょ)							
鱼 고기 어	鱼 (위 yú)							

06 jade

一 丅 干 王 玉

부수자 : 玉 구슬 옥

玉 옥 옥	玉							
玉 옥 옥	玉 (교쿠 ぎょく)							
玉 옥 옥	玉 (위 yù)							

07 king

一 丅 干 王

부수자 : 王 구슬옥변

王 임금 왕	王							
王 임금 왕	王 (오: おう)							
王 임금 왕	王 (왕 wáng)							

쉬어가기

한자가

어떻게 만들어 졌을까요? 하나

한자는 여러 가지 사물의 모형을 본떠 만든 것에서 시작하였습니다. 그리고 글자와 글자를 합쳐서 만드는 것까지 발전하였습니다. 지금은 정자, 간자, 약자 등으로 발전하여 쓰여지고 있습니다.

상형문자란?

여러가지 사물 모양을 본떠서 만든 한자를 말합니다.

예 日 (날 **일**) 木 (나무 **목**)

지사문자란?

이미 만들어져 있는 한자에 점이나 선등이 더하여진 한자를 말합니다.

예 上 (윗 **상**) 下 (아래 **하**)

회의문자란?

두 글자 이상을 합쳐서 새로운 뜻을 나타내는 한자를 말합니다.

예 **日** (해 : 날 **일**) + **月** (달 : 달 **월**) = **明** (밝다 : 밝을 **명**)

木 (나무 : 나무 **목**) + **木** (나무 : 나무 **목**) = **林** (수풀 : 수풀 **림**)

형성문자란?

이미 만들어진 글자를 합하여 새로운 뜻을 나타내는 한자를 말합니다.

일부는 뜻을 나타내고 일부를 소리를 나타냅니다.

예 氵 (**水**, 물 **수**) + **靑** (푸를 **청**) = **淸** (맑을 **청**)

〈자료〉 백시영 감수, 한자시험워크북 3급, 경록, 2003, pp.22~23

제 6 차시 술술 풀리는 한중일한자 e-러닝 강의

01 정자, 간자, 약자의 듣기, 말하기, 쓰기, 읽기 따라 하기

한국지식재단

술술 풀리는 한중일한자

한중일한자교육개발원

01

雨 비 우

부수 雨 비 우

雨水 우수, 雨衣 우의

한국	雨 비 우
중국	雨 위 yǔ
일본	雨 우 う

雨

rain

02

牛 소 우

부수 牛 소 우

한국	牛 소 우
중국	牛 니우 niú
일본	牛 규: ぎゅう

牛

cow

03

圓 둥글 원

부수 口 큰입 구

圓形 원형

한국	圓 둥글 원
중국	圆 위앤 yuán
일본	円 엔 えん

圓

round

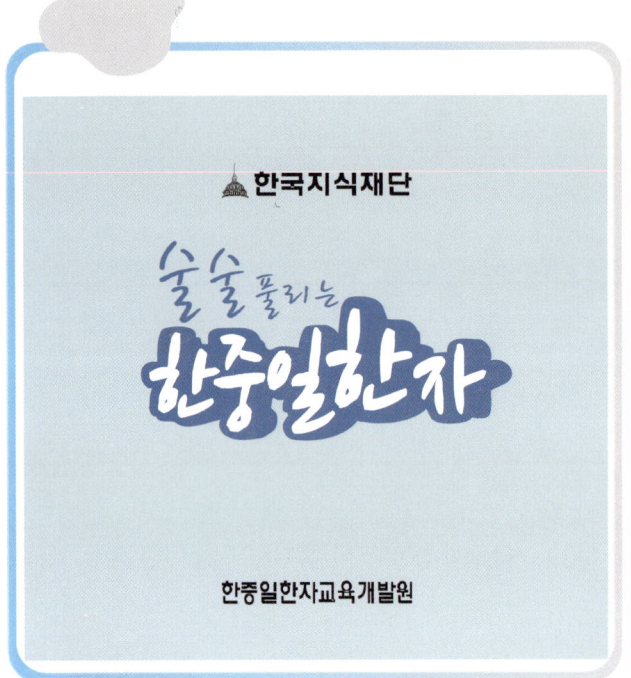

04

月 달 월

🇰🇷	月 달 월
🇨🇳	月 위에 yuè
🇯🇵	月 게츠 げつ

부수 月 달 월

正月 정월

月

moon

05

衣 옷 의

🇰🇷	衣 옷 의
🇨🇳	衣 이 yī
🇯🇵	衣 이 い

부수 衣 옷 의

雨衣 우의, 上衣 상의

衣

clothes

06

人 사람 인

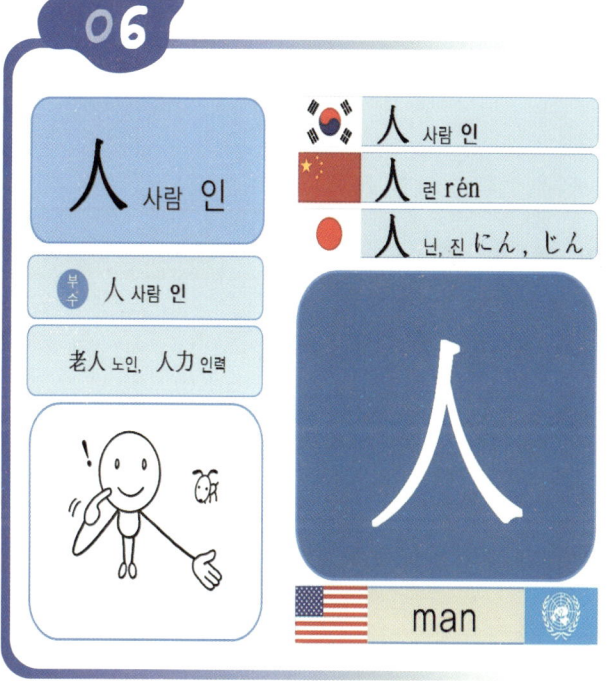

🇰🇷	人 사람 인
🇨🇳	人 런 rén
🇯🇵	人 닌, 진 にん, じん

부수 人 사람 인

老人 노인, 人力 인력

人

man

07

日 날 일

🇰🇷	日 날 일
🇨🇳	日 르 rì
🇯🇵	日 니치 にち

부수 日 날 일

生日 생일

日

day

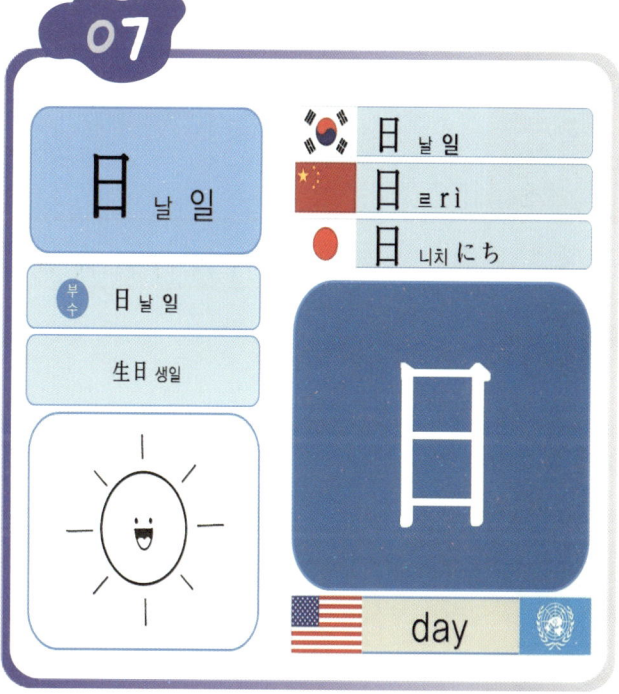

02 한 눈에 쓰기 1차 연습

정자, 약자, 간자를 순서에 따라 써보세요.

01 rain

一 ㄏ 丙 币 帀 雨 雨 雨

부수자 : 雨 비 우

雨	비 우	
雨	비 우	(우 う)
雨	비 우	(위 yǔ)

02 cow

ノ 𠂉 ⺧ 牛

부수자 : 牛 소 우

牛	소 우	
牛	소 우	(규: ぎゅう)
牛	소 우	(니우 niú)

03 round

丨 冂 冂 冂 冂 冂 冃 冃 冃 圎 圓 圓 圓

부수자 : 口 큰입 구

圓	둥글 원	
円	둥글 원	(엔 えん)
圆	둥글 원	(위앤 yuán)

04 moon ㅣ 丿 冂 月 月 부수자 : 月 달 월

月 달 월	月	
月 달 월	月 (게츠 げつ)	
月 달 월	月 (위에 yuè)	

05 clothes 丶 亠 ナ 衣 衣 衣 부수자 : 衣 옷 의

衣 옷 의	衣	
衣 옷 의	衣 (이 い)	
衣 옷 의	衣 (이 yī)	

06 man 丿 人 부수자 : 人 사람 인

人 사람 인	人	
人 사람 인	人 (닌 にん)	
人 사람 인	人 (런 rén)	

07 day 丨 冂 月 日 부수자 : 日 날 일

日 날 일	日	
日 날 일	日 (니치 にち)	
日 날 일	日 (르 rì)	

9급 06 차시

03 차시별 확인 학습

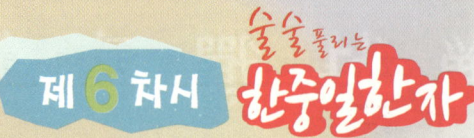

다음 한자와 관련있는 것 끼리 연결하세요.

확인 문제

01.	雨	① 둥글다	㉠ 월
02.	圓	② 달	㉡ 衣
03.	月	③ 옷	㉢ 우
04.	衣	④ 비	㉣ 円
05.	日	⑤ 날	㉤ 일

확인 답안

01. 雨, ④, ㉢ 02. 圓, ①, ㉣ 03. 月, ②, ㉠

04. 衣, ③, ㉡ 05. 日, ⑤, ㉤

04 차시별 OX 문제

다음 문제를 읽고 O, X로 풀어보세요.

OX 문제

01. 雨水는 우목이라고 읽는다. O X

02. 圓(둥글 원)의 약자는 圆이다. O X

03. 人心은 인심이라고 읽는다. O X

04. 日은 달 월이라고 읽는다. O X

OX 답안

01. X 우수 - 雨(비 우), 水(물 수)

02. X 円 - 약자

03. O

04. X 日(날 일)

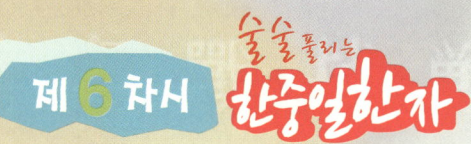

05 한 눈에 쓰기 2차 연습

정자, 약자, 간자를 복습해서 써보세요.

01 rain 一 丆 帀 币 币 雨 雨 雨 부수자: 雨 비 우

雨 비 우	雨	
雨 비 우	雨 (우 う)	
雨 비 우	雨 (위 yǔ)	

02 cow ノ 𠂉 𠂒 牛 부수자: 牛 소 우

牛 소 우	牛	
牛 소 우	牛 (규: ぎゅう)	
牛 소 우	牛 (니우 niú)	

03 round 丨 冂 冂 冂 冂 冂 冋 冋 冋 圓 圓 圓 圓 부수자: 口 큰입 구

圓 둥글 원	圓	
円 둥글 원	円 (엔 えん)	
圆 둥글 원	圆 (위앤 yuán)	

04 moon
丿 冂 月 月
부수자 : 月 달 월

月 달 월	月							
月 달 월	月 (게츠 げつ)							
月 달 월	月 (위에 yuè)							

05 clothes
丶 亠 ナ 衣 衣 衣
부수자 : 衣 옷 의

衣 옷 의	衣							
衣 옷 의	衣 (이 い)							
衣 옷 의	衣 (이 yī)							

06 man
丿 人
부수자 : 人 사람 인

人 사람 인	人							
人 사람 인	人 (닌 にん)							
人 사람 인	人 (런 rén)							

07 day
丨 冂 日 日
부수자 : 日 날 일

日 날 일	日							
日 날 일	日 (니치 にち)							
日 날 일	日 (르 rì)							

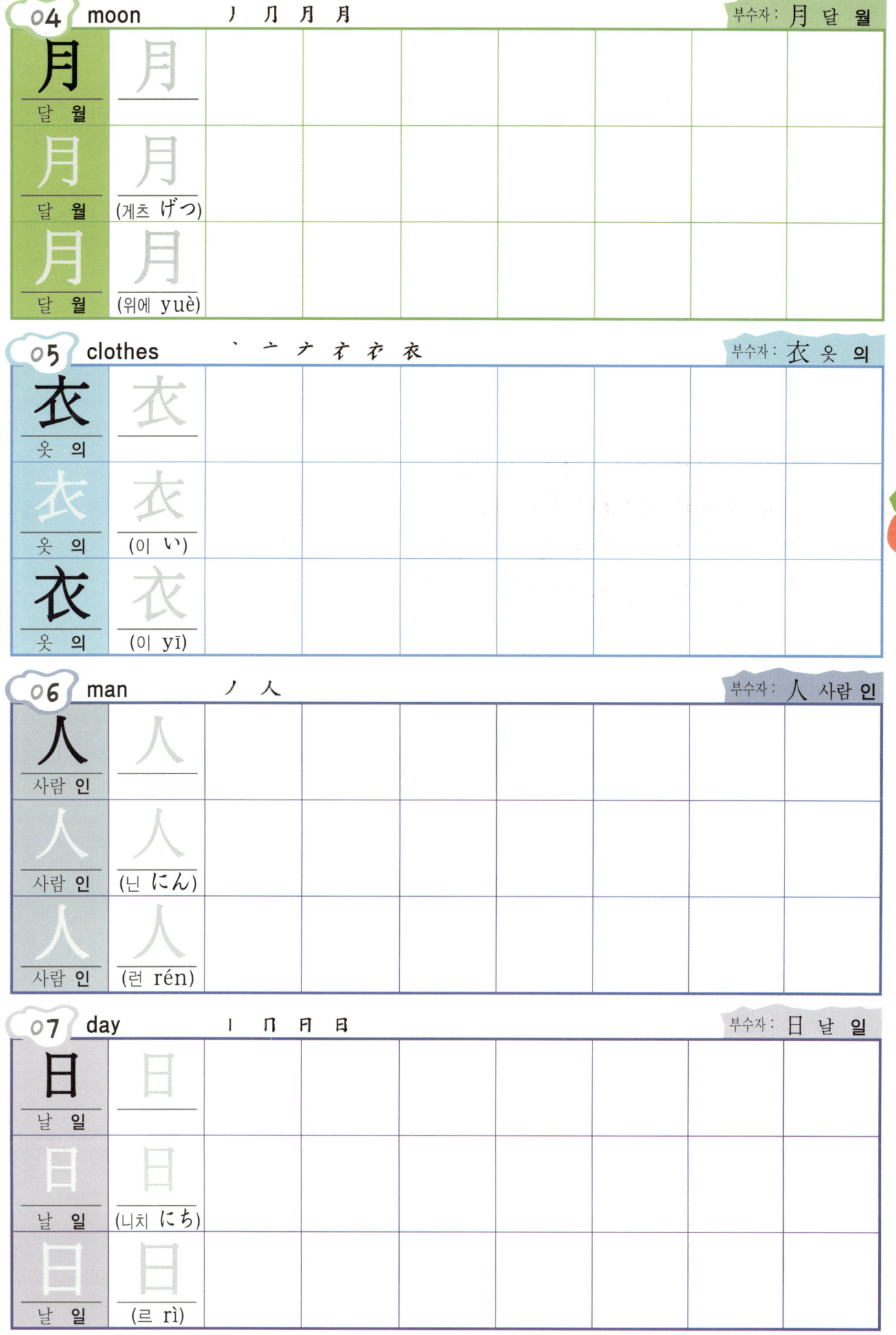

쉬어가기

한자가

어떻게 만들어졌을까요? 둘

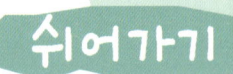

한자는 여러 가지 사물의 모형을 본떠
만든 것에서 시작하였습니다.
그리고 글자와 글자를 합쳐서 만드는 것까지 발전하였습니다.
지금은 정자, 간자, 약자 등으로 발전하여 쓰여지고 있습니다.

전주문자란?

원래의 뜻이 바뀌어 다른 뜻으로 쓰이는 한자를 말합니다.

예 **樂** (음악 **악**, 즐거울 **락**, 좋아할 **요**) :
惡器 (악기), **樂水** (요수)

가차문자란?

뜻의 일부나 음을 빌어 다른 뜻으로 쓰이는 글자를 말합니다.

예 **美國** (**미국**) : America

〈자료〉 백시영 감수, 한자시험워크북 3급, 경록, 2003, pp.24

제 7 차시

술술 풀리는 한중일한자 e-러닝 강의

01 정자, 간자, 약자의 듣기, 말하기, 쓰기, 읽기 따라 하기

한국지식재단

술술 풀리는 한중일한자

한중일한자교육개발원

01

自 스스로 자

부수 自 스스로 자

自身 자신, 自主 자주

한국	自 스스로 자
중국	自 쯔 zì
일본	自 지 じ

自

oneself

02

子 아들 자

부수 子 아들 자

父子 부자, 子女 자녀

한국	子 아들 자
중국	子 쯔 zǐ, zi
일본	子 시 し

子

son

03

長 길 장

부수 長 길 장

長子 장자

한국	長 길 장
중국	长 창, 짱 cháng, zhǎng
일본	長 쵸: ちょう

長

long

9급 07 차시

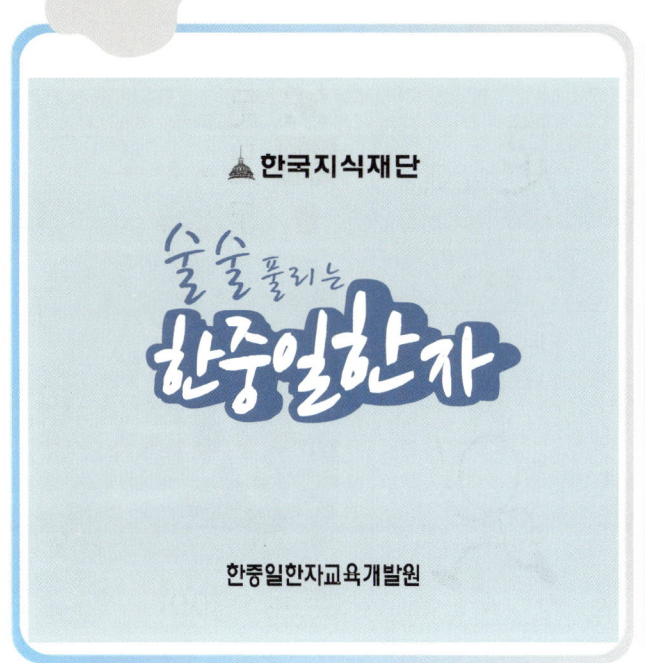

04

田 밭 전

한국	田 밭 전
중국	田 티앤 tián
일본	田 덴 でん

부수 田 밭 전

油田 유전

田

field

05

足 발 족

한국	足 발 족
중국	足 쭈 zú
일본	足 소쿠 そく

부수 足 발 족

手足 수족, 不足 부족

足

foot

06

主 주인 주

한국	主 주인 주
중국	主 쭈 zhǔ
일본	主 슈 しゅ

부수 丶 점 주

自主 자주, 主人 주인

主

master

07

川 내 천

한국	川 내 천
중국	川 추안 chuān
일본	川 센 せん

부수 川 내 천

河川 하천

川

stream

02 한 눈에 쓰기 1차 연습

정자, 약자, 간자를 순서에 따라 써보세요.

01 oneself ノ 亻 亣 白 自 自 부수자 : 自 스스로 자

自 스스로 자	自								
自 스스로 자	自 (지 じ)								
自 스스로 자	自 (쯔 zì)								

02 son ㇇ 了 子 부수자 : 子 아들 자

子 아들 자	子								
子 아들 자	子 (시 し)								
子 아들 자	子 (쯔 zǐ)								

03 long 丨 ㄏ ㅑ ㅌ 트 镸 镸 長 부수자 : 長 길 장

長 어른 장	長								
長 길 장	長 (쵸: ちょう)								
长 길 장	长 (창 cháng)								

9급 07 차시

04 field
丨 冂 罒 田 田 — 부수자 : 田 밭 전

田 밭 전	田							
田 밭 전	田 (덴 でん)							
田 밭 전	田 (티앤 tián)							

05 foot
丶 ㄇ 口 ㅁ 早 𧾷 足 — 부수자 : 足 발 족

足 발 족	足							
足 발 족	足 (소쿠 そく)							
足 발 족	足 (쭈 zú)							

06 master
丶 亠 亍 主 主 — 부수자 : 丶 점 주

主 주인 주	主							
主 주인 주	主 (슈 しゅ)							
主 주인 주	主 (쭈 zhǔ)							

07 stream
丿 川 川 — 부수자 : 川 내 천

川 내 천	川							
川 내 천	川 (센 せん)							
川 내 천	川 (추안 chuān)							

03 차시별 확인 학습

다음 한자와 관련있는 것 끼리 연결하세요.

확인문제

01.	自	① 주인	㉠ 주
02.	長	② 스스로	㉡ 자
03.	田	③ 길다	㉢ 장
04.	足	④ 밭	㉣ 전
05.	主	⑤ 발	㉤ 족

9급 07 차시

확인 답안

01. 自, ②, ㉡　02. 長, ③, ㉢　03. 田, ④, ㉣

04. 足, ⑤, ㉤　05. 主, ①, ㉠

04 차시별 OX 문제

다음 문제를 읽고 O, X로 풀어보세요.

OX 문제

01. 自는 눈 목이라고 읽는다. O X

02. 長(길 장)의 간자는 长이다. O X

03. 手足은 수족이라고 읽는다. O X

04. 主人은 주인이라고 읽는다. O X

OX 답안

01. X 自(스스로 자)

02. O

03. O

04. O

05 한 눈에 쓰기 2차 연습

정자, 약자, 간자를 복습해서 써보세요.

01 oneself ´ 丆 门 自 自 自 부수자 : 自 스스로 자

自 스스로 자	自							
自 스스로 자	自 (지 じ)							
自 스스로 자	自 (쯔 zì)							

02 son ㇇ 了 子 부수자 : 子 아들 자

子 아들 자	子							
子 아들 자	子 (시 し)							
子 아들 자	子 (쯔 zǐ)							

03 long 丨 ㇀ ㇀ ㇀ 㠯 镸 镸 長 부수자 : 長 길 장

長 길 장	長							
長 길 장	長 (쵸 ちょう)							
长 길 장	长 (창 cháng)							

04 field
丨 冂 冃 田 田

부수자 : 田 밭 전

田 밭 전	田							
田 밭 전	田 (덴 でん)							
田 밭 전	田 (티앤 tián)							

05 foot
丨 口 口 早 早 疋 足

부수자 : 足 발 족

足 발 족	足							
足 발 족	足 (소쿠 そく)							
足 발 족	足 (쭈 zú)							

06 master
丶 亠 亍 主 主

부수자 : 丶 점 주

主 주인 주	主							
主 주인 주	主 (슈 しゅ)							
主 주인 주	主 (쭈 zhǔ)							

07 stream
丿 川 川

부수자 : 川 내 천

川 내 천	川							
川 내 천	川 (센 せん)							
川 내 천	川 (추안 chuān)							

쉬어가기

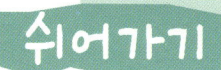

한자 구성의 3요소를 알아봐요

한자는 모형, 뜻, 음으로 구성되어 있습니다.

모형

모형 (**形** : 모형 **형**)
한자는 모형으로 나타내는 글자입니다.
(어떤 모형일까?)

뜻

뜻 (**訓** : 뜻 **훈**)
한자는 뜻을 표현하는 "뜻 글자"입니다.
(어떤 뜻을 가지고 있을까?)

소리

소리 (**音** : 소리 음)
한자를 읽는 소리를 "음"이라 합니다.
(어떤 "음"으로 읽을까?)

제 8 차시 술술 풀리는 한중일한자 e-러닝 강의

01 정자, 간자, 약자의 듣기, 말하기, 쓰기, 읽기 따라 하기

01

天 하늘 천

부수 天 하늘 천

天下 천하, 天地 천지

한국	天 하늘 천
중국	天 티앤 tiān
일본	天 텐 てん

天

sky

02

蟲 벌레 충

부수 虫 벌레 충

害蟲 해충

한국	蟲 벌레 충
중국	虫 충 chóng
일본	虫 츄: ちゅう

蟲

insect

03

土 흙 토

부수 土 흙 토

本土 본토, 國土 국토

한국	土 흙 토
중국	土 투 tǔ
일본	土 도, 토 ど, と

土

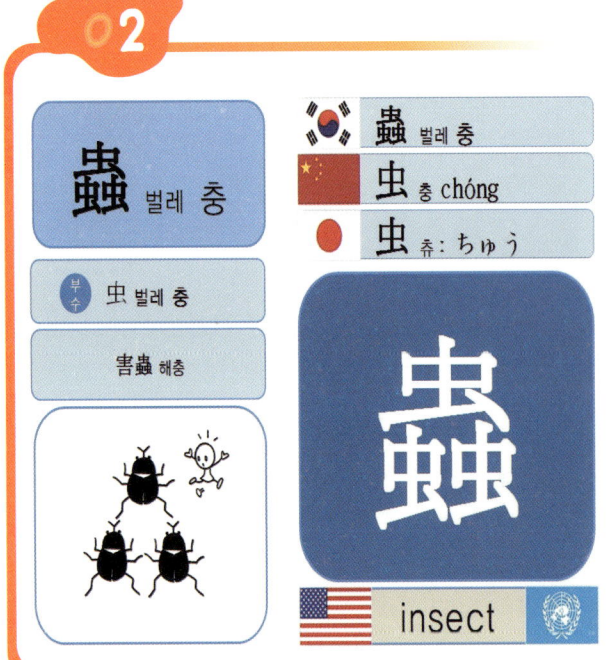

earth

04

學 배울 학

🇰🇷	學 배울 학
🇨🇳	学 쒸에 xué
🇯🇵	学 가쿠 がく

부수: 子 아들 자

大學 대학, 學文 학문

學

🇺🇸 learn

05

行 갈 행 / 항렬 항

🇰🇷	行 갈 행, 항렬 항
🇨🇳	行 씽 xíng
🇯🇵	行 코:, 교: こう, ぎょう

부수: 行 갈 행

山行 산행, 行人 행인

行

🇺🇸 go

06

火 불 화

🇰🇷	火 불 화
🇨🇳	火 후워 huǒ
🇯🇵	火 카 か

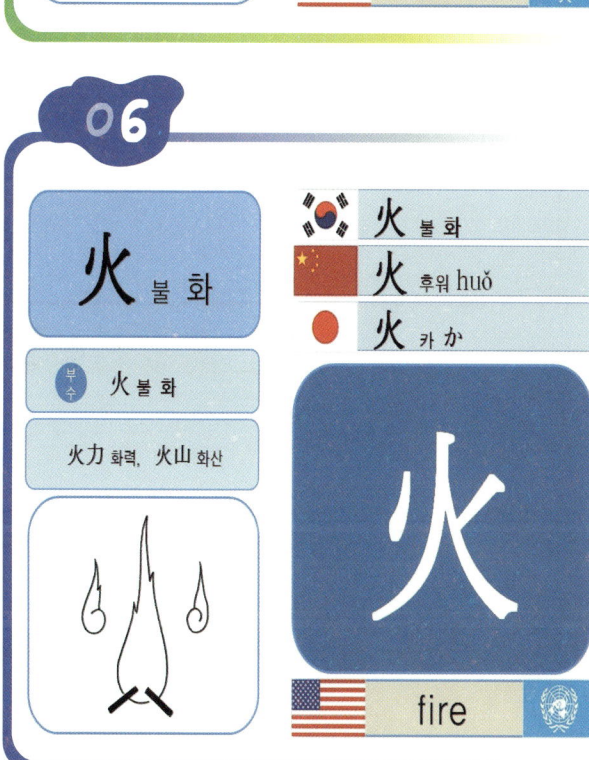

부수: 火 불 화

火力 화력, 火山 화산

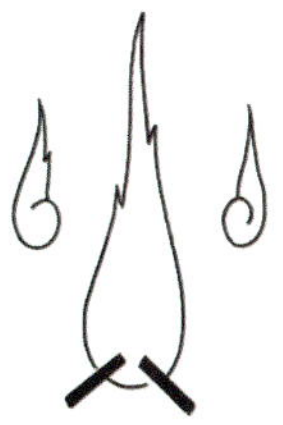

火

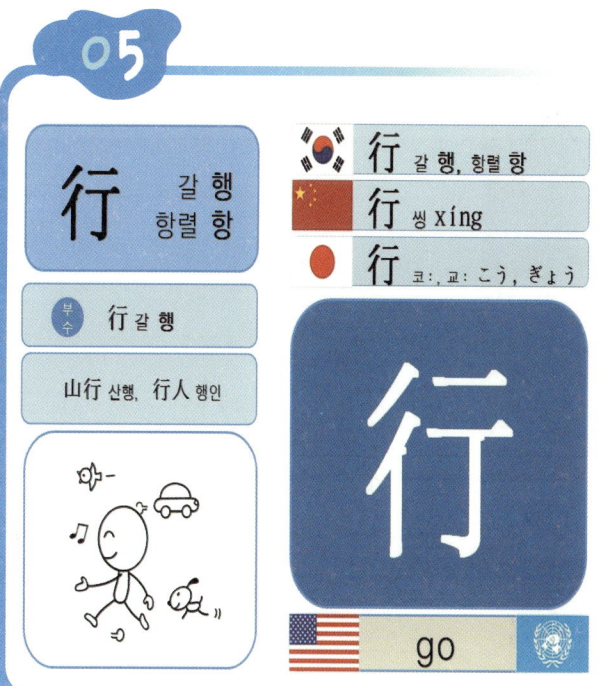

🇺🇸 fire

02 한 눈에 쓰기 1차 연습

정자, 약자, 간자를 순서에 따라 써보세요.

01 sky　一 二 于 天　부수자 : 大 큰 대

天 하늘 천	天						
天 하늘 천	天 (텐 てん)						
天 하늘 천	天 (티앤 tiān)						

02 insect　부수자 : 虫 벌레 충

蟲 벌레 충	蟲						
虫 벌레 충	虫 (츄: ちゅう)						
虫 벌레 충	虫 (충 chóng)						

03 earth　一 十 土　부수자 : 土 흙 토

土 흙 토	土						
土 흙 토	土 (도 ど)						
土 흙 토	土 (투 tǔ)						

04 learn

丶 ⺊ ⺊ ... 學 學

부수자 : 子 아들 자

學 배울 학	學							
学 배울 학	学 (가쿠 がく)							
学 배울 학	学 (쒸에 xué)							

05 go

丿 彡 彳 彳 行 行

부수자 : 行 갈 행

行 갈 행/항렬 항	行							
行 갈 행	行 (코: こう)							
行 갈 행	行 (씽 xíng)							

06 fire

丶 丷 火 火

부수자 : 火 불 화

火 불 화	火							
火 불 화	火 (카 か)							
火 불 화	火 (후워 huǒ)							

• 어려운 한자를 써보세요

9급 08 차시

03 차시별 확인 학습

다음 한자와 관련있는 것 끼리 연결하세요.

확인문제

01.	天	① 흙	㉠ 화
02.	蟲	② 하늘	㉡ 虫
03.	土	③ 불	㉢ 토
04.	學	④ 벌레	㉣ 천
05.	火	⑤ 배우다	㉤ 学

확인 답안

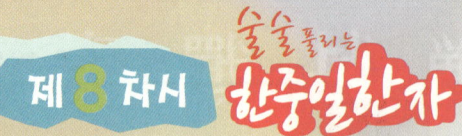

01. 天, ②, ㉣
02. 蟲, ④, ㉡
03. 土, ①, ㉢
04. 學, ⑤, ㉤
05. 火, ③, ㉠

04 차시별 OX 문제

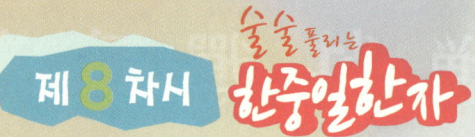

다음 문제를 읽고 O, X로 풀어보세요.

OX 문제

01. 天氣는 대기라고 읽는다. O X

02. 火山은 화력이라고 읽는다. O X

03. 學(배울 학)의 간자는 学이다. O X

04. 行人은 행인이라고 읽는다. O X

OX 답안

01. X 천기 - 天(하늘 천), 氣(기운 기)

02. X 화산 - 火(불 화), 山(뫼 산)

03. O

04. O

05 한 눈에 쓰기 2차 연습

정자, 약자, 간자를 복습해서 써보세요.

01 sky　一 二 チ 天　부수자: 大 큰 대

天 하늘 천	天							
天 하늘 천	天 (텐 てん)							
天 하늘 천	天 (티앤 tiān)							

02 insect　부수자: 虫 벌레 충

蟲 벌레 충	蟲							
虫 벌레 충	虫 (츄: ちゅう)							
虫 벌레 충	虫 (충 chóng)							

03 earth　一 十 土　부수자: 土 흙 토

土 흙 토	土							
土 흙 토	土 (도 ど)							
土 흙 토	土 (투 tǔ)							

04 learn 學 (stroke order) 부수자: 子 아들 자

學 배울 학	學	
学 배울 학	学 (가쿠 がく)	
学 배울 학	学 (쒸에 xué)	

05 go ノ ク 彳 行 行 行 부수자: 行 갈 행

行 갈 행/항렬 항	行	
行 갈 행	行 (코: こう)	
行 갈 행	行 (씽 xíng)	

06 fire 丶 丷 火 火 부수자: 火 불 화

火 불 화	火	
火 불 화	火 (카 か)	
火 불 화	火 (후워 huǒ)	

• 어려운 한자를 써보세요

9급 08 차시

기초 01

가장 기초가 되는 년월일

숫자를 정자, 약자, 간자로 써보세요.

01 year　丿 𠂉 𠃋 ⺧ 𠂒 年

年 해 년	年							
年 해 년	年 (토시 とし)							
年 해 년	年 (니앤 nián)							

02 month　丿 几 月 月

月 달 월	月							
月 달 월	月 (가츠 がつ)							
月 달 월	月 (위에 yuè)							

03 day　丨 冂 月 日

日 날 일	日							
日 날 일	日 (타치 たち)							
日 날 일	日 (르 rì)							

기초 02

가장 기초가 되는 요일

숫자를 정자, 약자, 간자로 써보세요.

01 Sunday

丨 冂 月 日

日 날 일

日 날 일 (니치 にち)

중국에서는 일요일(日曜日)을 성기일(星期日 ▷ 씽 치 르 xīng qī rì) 또는 성기천(星期天 ▷ 씽 치 티앤 xīng qī tiān)이라고 함

• 日(날 일) • 星(별 성) • 期(기약할 기) • 天(하늘 천)

02 Monday

丿 几 月 月

月 달 월

月 달 월 (게츠 げつ)

중국에서는 월요일(月曜日)을 성기일(星期一 ▷ 씽 치 이 xīng qī yī)이라고 함

• 星(별 성) • 期(기약할 기) • 一(한 일)

03 Tuesday

丶 丷 火 火

火 불 화

火 불 화 (카 か)

중국에서는 화요일(火曜日)을 성기이(星期二 ▷ 씽 치 얼 xīng qī èr)라고 함

• 星(별 성) • 期(기약할 기) • 二(두 이)

04 Wednesday 亅 才 才 水

水 물 수	水							
水 물 수	水 (스이 すい)							

중국에서는 수요일(水曜日)을 성기삼(星期三 ▹ 씽 치 싼 xīng qī sān)이라고 함
• 星(별 성) • 期(기약할 기) • 三(석 삼)

05 Thursday 一 十 才 木

木 나무 목	木							
木 나무 목	木 (모쿠 もく)							

중국에서는 목요일(木曜日)을 성기사(星期四 ▹ 씽 치 쓰 xīng qī sì)라고 함
• 星(별 성) • 期(기약할 기) • 四(넉 사)

06 Friday ノ 人 亼 亼 今 全 余 金

金 쇠 금	金							
金 쇠 금	金 (킨 きん)							

중국에서는 금요일(金曜日)을 성기오(星期五 ▹ 씽 치 우 xīng qī wǔ)라고 함
• 星(별 성) • 期(기약할 기) • 五(다섯 오)

07 Saturday 一 十 土

土 흙 토	土							
土 흙 토	土 (도 ど)							

중국에서는 토요일(土曜日)을 성기육(星期六 ▹ 씽 치 리우 xīng qī liù)이라고 함
• 星(별 성) • 期(기약할 기) • 六(여섯 륙)

기초 03 가장 기초가 되는 숫자

숫자를 정자, 약자, 간자로 써보세요.

01 one 一

一 한 일	一							
一 한 일	一 (이치 いち)							
一 한 일	一 (이 yī)							

02 two 一 二

二 두 이	二							
二 두 이	二 (니 に)							
二 두 이	二 (얼 èr)							

03 three 一 二 三

三 석 삼	三							
三 석 삼	三 (산 さん)							
三 석 삼	三 (싼 sān)							

04 four

丨 冂 冂 四 四

四	四
넉 사	
四	四
넉 사	(시 し)
四	四
넉 사	(쓰 sì)

05 five

一 丅 五 五

五	五
다섯 오	
五	五
다섯 오	(고 ご)
五	五
다섯 오	(우 wǔ)

06 six

丶 亠 六 六

六	六
여섯 륙	
六	六
여섯 륙	(로쿠 ろく)
六	六
여섯 륙	(류: liù)

07 seven

一 七

七	七
일곱 칠	
七	七
일곱 칠	(시치 しち)
七	七
일곱 칠	(치 qī)

08 eight

丿 八

八 여덟 팔	八						
八 여덟 팔	八 (하치 はち)						
八 여덟 팔	八 (빠 bā)						

09 nine

丿 九

九 아홉 구	九						
九 아홉 구	九 (큐: きゅう)						
九 아홉 구	九 (쮸: jiǔ)						

10 ten

一 十

十 열 십	十						
十 열 십	十 (쥬: じゅう)						
十 열 십	十 (쓰 shí)						

11 hundred

一 丆 了 百 百 百

百 일백 백	百						
百 일백 백	百 (하쿠 ひゃく)						
百 일백 백	百 (바이 bǎi)						

12 thousand

丿 二 千

千 일천 천	千							
千 일천 천	千 (잇 せん)							
千 일천 천	千 (챈 qiān)							

13 ten thousand

丶 亠 艹 艹 艹 节 节 苜 莒 萬 萬 萬 萬

萬 일만 만	萬							
万 일만 만	万 (만 まん)							
万 일만 만	万 (완 wàn)							

14 hundred million

丿 亻 亻 亻 亻 亻 伫 伫 倍 倍 倍 倍 億 億 億

億 억 억	億							
億 억 억	億 (오쿠 おく)							
亿 억 억	亿 (이 yì)							

15 trillion

丿 丬 丬 兆 兆 兆

兆 조 조	兆							
兆 조 조	兆 (쵸: ちょう)							
兆 조 조	兆 (짜오 zhào)							

기초 04

가장 기초가 되는 정자숫자

숫자를 정자, 약자, 간자로 써보세요.

다음의 숫자는
주로 은행이나 계약서 등에서
수정이나 위조를 방지하기 위해 사용됩니다.

01 one

一 十 士 士 声 壳 壳 壳 壹 壹 壹 壹

壹 한 일	壹							
壱 한 일	壱 (이치 いち)							
壹 한 일	壹 (이 yī)							

02 two

一 二 三 弍 貮 貮 貮 貮 貮 貮 貳 貳

貳 두 이	貳							
弐 두 이	弐 (니 に)							
贰 두 이	贰 (얼 èr)							

03 three

(stroke order: 參)

參 석 삼	參							
参 석 삼	参 (산 さん)							
叁 석 삼	叁 (싼 sān)							

04 five

丿 亻 仃 仃 伍 伍

伍 다섯 오	伍							
伍 다섯 오	伍 (고 ご)							
伍 다섯 오	伍 (우 wǔ)							

05 ten

一 十 扌 扌 扵 拎 拎 拾 拾

拾 열 십	拾							
拾 열 십	拾 (쥬: じゅう)							
拾 열 십	拾 (쓰 shí)							

06 thousand

丿 亻 亻 仟 仟

仟 일천 천	仟							
仟 일천 천	仟 (센 せん)							
仟 일천 천	仟 (챈 qiān)							

9급 한중일한자 (55자)

약자를 소리와 뜻으로 비교해 읽기연습 1

구분		약자를 음독과 훈독으로 읽기			
정자	약자	한국(음)	소리로 읽기 (음독)	뜻	뜻으로 읽기 (훈독)
車	車	**거/차**	샤 (しゃ)	수레 (**거/차**)	쿠루마 (くるま)
高	高	**고**	코: (こう)	높을 (**고**)	타카이 (たかい)
工	工	**공**	코: (こう)	장인 (**공**)	타쿠미 (たくみ)
果	果	**과**	카 (か)	실과 (**과**)	하타스 (はたす)
交	交	**교**	코: (こう)	사귈 (**교**)	카우, 카와스 (かう, かわす)
口	口	**구**	코: (こう)	입 (**구**)	쿠치 (くち)
氣	気	**기**	키, 케 (き, け)	기운 (**기**)	(훈독없음)
女	女	**녀**	죠 (じょ)	계집 (**녀**)	온나 (おんな)
大	大	**대**	다이 (だい)	큰 (**대**)	오오키이 (おおきい)
力	力	**력**	료쿠, 리키 (りょく, りき)	힘 (**력**)	치카라 (ちから)
老	老	**로**	로: (ろう)	늙을 (**로**)	오이루, 후케루 (おいる, ふける)
立	立	**립**	리츠 (りつ)	설 (**립**)	타츠, 타테루 (たつ, たてる)
馬	馬	**마**	바 (ば)	말 (**마**)	우마 (うま)
萬	万	**만**	만 (まん)	일만 (**만**)	요로즈 (よろず)
面	面	**면**	멘 (めん)	낯, 밀가루 (**면**)	오모테 (おもて)
母	母	**모**	보 (ぼ)	어미 (**모**)	하하 (はは)
木	木	**목**	보쿠, 모쿠 (ぼく, もく)	나무 (**목**)	키 (き)
目	目	**목**	모쿠 (もく)	눈 (**목**)	메 (め)
文	文	**문**	분 (ぶん)	글월, 무늬 (**문**)	아야 (あや)
門	門	**문**	몬 (もん)	문 (**문**)	카도 (かど)
父	父	**부**	후 (ふ)	아비 (**부**)	치치 (ちち)
夫	夫	**부**	후 (ふ)	지아비 (**부**)	옷토 (おっと)
絲	糸	**사**	시 (し)	실 (**사**)	이토 (いと)
山	山	**산**	산 (さん)	뫼 (**산**)	야마 (やま)
石	石	**석**	세키 (せき)	돌 (**석**)	이시 (いし)
夕	夕	**석**	세키 (せき)	저녁 (**석**)	유우 (ゆう)
水	水	**수**	스이 (すい)	물 (**수**)	미즈 (みず)
手	手	**수**	슈 (しゅ)	손 (**수**)	테 (て)
身	身	**신**	신 (しん)	몸 (**신**)	카라다 (からだ)
心	心	**심**	신 (しん)	마음 (**심**)	코코로 (こころ)

약자를 소리와 뜻으로 비교해 읽기연습 2

구분		약자를 음독과 훈독으로 읽기			
정자	약자	한국(음)	소리로 읽기 (음독)	뜻	뜻으로 읽기 (훈독)
兒	児	아	지 (じ)	아이 (아)	코 (こ)
羊	羊	양	요: (よう)	양 (양)	히츠지 (ひつじ)
魚	魚	어	교 (ぎょ)	고기 (어)	사카나 (さかな)
玉	玉	옥	교쿠 (ぎょく)	옥 (옥)	타마 (たま)
王	王	왕	오: (おう)	임금 (왕)	(훈독없음)
雨	雨	우	우 (う)	비 (우)	아메 (あめ)
牛	牛	우	규: (ぎゅう)	소 (우)	우시 (うし)
圓	円	원	엔 (えん)	둥글 (원)	마루이 (まるい)
月	月	월	게츠 (げつ)	달 (월)	츠키 (つき)
衣	衣	의	이 (い)	옷 (의)	키누 (きぬ)
人	人	인	닌, 진 (にん, じん)	사람 (인)	히토 (ひと)
日	日	일	니치 (にち)	날 (일)	히 (ひ)
自	自	자	지 (じ)	스스로 (자)	오노즈카라 (おのずから)
子	子	자	시 (し)	아들 (자)	코 (こ)
長	長	장	쵸: (ちょう)	길 (장)	나가이 (ながい)
田	田	전	덴 (でん)	밭 (전)	타 (た)
足	足	족	소쿠 (そく)	발 (족)	아시 (あし)
主	主	주	슈 (しゅ)	주인 (주)	오모, 누시 (おも, ぬし)
川	川	천	센 (せん)	내 (천)	카와 (かわ)
天	天	천	텐 (てん)	하늘 (천)	소라 (そら)
蟲	虫	충	츄: (ちゅう)	벌레 (충)	무시 (むし)
土	土	토	도, 토 (ど, と)	흙 (토)	츠치 (つち)
學	学	학	가쿠 (がく)	배울 (학)	마나부 (まなぶ)
行	行	행/항	코:, 교: (こう, ぎょう)	갈 (행)/항렬 (항)	이쿠 (いく)
火	火	화	카 (か)	불 (화)	히 (ひ)

한국지식재단 tock

9급 한중일한자

모의고사 정답 및 해설 (1, 2회)

한국지식재단

tock 한중일한자 시험 모의고사 9급 1회 정답 및 해설

1. 정답 ▸ ④
〈해설〉 石 : 석(돌 석)

2. 정답 ▸ ③
〈해설〉 行 : 행(갈 행)

3. 정답 ▸ ②
〈해설〉 日 : 일(날 일)

4. 정답 ▸ ③
〈해설〉 夕 : 석(저녁 석)

5. 정답 ▸ ①
〈해설〉 心 : 심(마음 심)

6. 정답 ▸ ②
〈해설〉 川 : 천(내 천)

7. 정답 ▸ ④
〈해설〉 水 : 수(물 수)

8. 정답 ▸ ①
〈해설〉 交 : 교(사귈 교)

9. 정답 ▸ ③
〈해설〉 魚(고기 어) : 魚 - 鱼

10. 정답 ▸ ④
〈해설〉 車(수레 차/거) : 車 - 车

11. 정답 ▸ ①
〈해설〉 長(길 장) : 長 - 长

12. 정답 ▸ ②
〈해설〉 馬(말 마) : 馬 - 马

13. 정답 ▸ ③
〈해설〉 蟲(벌레 충) : 蟲 - 虫

14. 정답 ▸ ②
〈해설〉 아(아이 아) : 兒 - 児

15. 정답 ▸ ③
〈해설〉 果 : 과(실과 과)

16. 정답 ▸ ②
〈해설〉 ① 夕 : 석(저녁 석)
② 夫 : 부(지아비 부)
③ 王 : 왕(임금 왕)
④ 雨 : 우(비 우)

17. 정답 ▸ ④
〈해설〉 ① 父 : 부(아비 부)
② 二 : 이(두 이)
③ 牛 : 우(소 우)
④ 面 : 면(낯 면)

18. 정답 ▸ ③
〈해설〉 ① 八 : 팔(여덟 팔)
② 工 : 공(장인 공)
③ 羊 : 양(양 양)
④ 氣 : 기(기운 기)

19. 정답 ▸ ①
〈해설〉 ① 田 : 전(밭 전)
② 分 : 분(나눌 분)
③ 口 : 구(입 구)
④ 含 : 함(머금을 함)

20. 정답 ▸ ②
〈해설〉 ① 五 : 오(다섯 오)
② 高 : 고(높을 고)
③ 中 : 중(기운데 중)
④ 有 : 유(있을 유)

21. 정답 ▸ ④
〈해설〉 ① 交 : 교(사귈 교)
② 全 : 전(온전할 전)
③ 馬 : 마(말 마)
④ 天 : 천(하늘 천)

22. 정답 ▸ ③

〈해설〉 ① 小 : 소(작을 **소**)
② 軍 : 군(군사 **군**)
③ 木 : 목(나무 **목**)
④ 交 : 교(사귈 **교**)

23. 정답 ▸ ①

〈해설〉 ① 子 : 자(아들 **자**)
② 圓 : 원(둥글 **원**)
③ 水 : 수(물 **수**)
④ 下 : 하(아래 **하**)

24. 정답 ▸ ②

〈해설〉 ① 心 : 심(마음 **심**)
② 立 : 립(설 **립**)
③ 兄 : 형(맏 **형**)
④ 男 : 남(사내 **남**)

25. 정답 ▸ ③

〈해설〉 ① 西方(서방) : 西(서녘 **서**), 方(모 **방**) ▸ 서쪽 방향
② 學年(학년) : 學(배울 **학**), 年(해 **년**) ▸ 수업하는 학과의 수준에 따라 나눈 단계
③ 手工(수공) : 手(손 **수**), 工(장인 **공**) ▸ 손으로 하는 비교적 간단한 공예
④ 六角(육각) : 六(여섯 **륙**), 角(뿔 **각**) ▸ 북, 장구, 해금, 피리 및 대평소 한 쌍

26. 정답 ▸ ④

〈해설〉 ① 外交(외교) : 外(바깥 **외**), 交(사귈 **교**) ▸ 일을 하기 위하여 밖의 사람과 교제함
② 下山(하산) : 下(아래 **하**), 山(뫼 **산**) ▸ 산에서 내려옴
③ 雨衣(우의) : 雨(비 **우**), 衣(옷 **의**) ▸ 비 옷
④ 老母(노모) : 老(늙을 **로**), 母(어미 **모**) ▸ 늙은 어머니

27. 정답 ▸ ③

〈해설〉 ① 中立(중립) : 中(가운데 **중**), 立(설 **립**) ▸ 어느 쪽에도 치우치지 않고 공정함
② 王家(왕가) : 王(임금 **왕**), 家(집 **가**) ▸ 임금의 집안
③ 火山(화산) : 火(불 **화**), 山(뫼 **산**)
▸ 땅속에 있는 가스나 바윗물이 땅껍질의 터진 틈을 통하여 땅거죽으로 나와 쌓여서 이루어진 산
④ 大氣(대기) : 大(큰 **대**), 氣(기운 **기**) ▸ 지구를 둘러싸고 있는 기체 층

28 정답 ▸ ①

〈해설〉 학문 : 學文 - 学文, 學(배울 **학**), 文(글 월 **문**) ▸ 예, 악 등의 시서·육예를 배우는 일

29. 정답 ▸ ④

〈해설〉 대문 : 大門 - 大门, 大(큰 **대**), 門(문 **문**) ▸ 큰 문

30. 정답 ▸ ②

〈해설〉 ① 면목 : 面目 - 面目, 面(낯 **면**), 目(눈 **목**) ▸ 얼굴
② 기력 : 氣力 - 気力, 氣(기운 **기**), 力(힘 **력**)
▸ 사람의 몸으로 활동할 수 있는 정신과 육체의 힘
③ 자신 : 自身 - 自身, 自(스스로 **자**), 身(몸 **신**) ▸ 제 몸
④ 남녀 : 男女 - 男女, 男(사내 **남**), 女(계집 **녀**) ▸ 남자와 여자

한국지식재단

tock 한중일한자 시험 모의고사 9급 2회 정답 및 해설

1. 정답 ▸ ①
〈해설〉 老 : 로(늙을 로)

2. 정답 ▸ ③
〈해설〉 主 : 주(주인 주)

3. 정답 ▸ ④
〈해설〉 手 : 수(손 수)

4. 정답 ▸ ①
〈해설〉 火 : 화(불 화)

5. 정답 ▸ ②
〈해설〉 夫 : 부(지아비 부)

6. 정답 ▸ ③
〈해설〉 高 : 고(높을 고)

7. 정답 ▸ ③
〈해설〉 水 : 수(물 수)

8. 정답 ▸ ④
〈해설〉 玉 : 옥(옥 옥)

9. 정답 ▸ ①
〈해설〉 絲(실 사) : 絲 - 丝

10. 정답 ▸ ④
〈해설〉 氣(기운 기) : 氣 - 气

11. 정답 ▸ ①
〈해설〉 魚(고기 어) : 魚 - 鱼

12. 정답 ▸ ③
〈해설〉 圓(둥글 원) : 圓 - 圆

13. 정답 ▸ ②
〈해설〉 門(문 문) : 門 - 门

14. 정답 ▸ ②
〈해설〉 만(일만 만) : 萬 - 万

15. 정답 ▸ ③
〈해설〉 馬(말 마)

16. 정답 ▸ ①
〈해설〉 ① 衣 : 의(옷 의)
② 夕 : 석(저녁 석)
③ 毛 : 모(털 모)
④ 牛 : 우(소 우)

17. 정답 ▸ ②
〈해설〉 ① 父 : 부(아비 부)
② 中 : 중(가운데 중)
③ 交 : 교(사귈 교)
④ 川 : 천(내 천)

18. 정답 ▸ ③
〈해설〉 ① 次 : 차(버금 차)
② 手 : 수(손 수)
③ 王 : 왕(임금 왕)
④ 家 : 가(집 가)

19. 정답 ▸ ④
〈해설〉 ① 下 : 하(아래 하)
② 十 : 십(열 십)
③ 口 : 구(입 구)
④ 蟲 : 충(벌레 충)

20. 정답 ▸ ③
〈해설〉 ① 五 : 오(다섯 오)
② 氣 : 기(기운 기)
③ 果 : 과(실과 과)
④ 中 : 중(가운데 중)

21. 정답 ▸ ①
〈해설〉 ① 兒 : 아(아이 아)
② 天 : 천(하늘 천)
③ 交 : 교(사귈 교)
④ 士 : 사(선비 사)

22. 정답 ▸ ②

〈해설〉 ① 雨 : 우(비 **우**)
② 女 : 녀(계집 **녀**)
③ 元 : 원(으뜸 **원**)
④ 軍 : 군(군사 **군**)

23. 정답 ▸ ④

〈해설〉 ① 百 : 백(일백 **백**)
② 圓 : 원(둥글 **원**)
③ 行 : 행(갈 **행**)
④ 身 : 신(몸 **신**)

24. 정답 ▸ ①

〈해설〉 ① 日 : 일(날 **일**)
② 軍 : 군(군사 **군**)
③ 田 : 전(밭 **전**)
④ 食 : 식(밥 **식**)

25. 정답 ▸ ④

〈해설〉 ① 手中(수중) : 手(손 **수**), 中(가운데 **중**) ▸ 손 안
② 父子(부자) : 父(아비 **부**), 子(아들 **자**) ▸ 아버지와 아들
③ 人力(인력) : 人(사람 **인**), 力(힘 **력**) ▸ 사람의 힘
④ 工夫(공부) : 工(장인 **공**), 夫(지아비 **부**) ▸ 학문이나 기술을 닦는 일

26. 정답 ▸ ②

〈해설〉 ① 外交(외교) : 外(바깥 **외**), 交(사귈 **교**) ▸ 일을 하기 위하여 밖의 사람과 교제함
② 面目(면목) : 面(낯 **면**), 目(눈 **목**) ▸ 얼굴
③ 西方(서방) : 西(서녘 **서**), 方(모 **방**) ▸ 서쪽 방향
④ 自己(자기) : 自(스스로 **자**), 己(자기 **기**) ▸ 제 몸

27. 정답 ▸ ①

〈해설〉 ① 山水(산수) : 山(뫼 **산**), 水(물 **수**) ▸ 산과 물
② 車主(차주) : 車(수레 **차**), 主(주인 **주**) ▸ 차의 주인
③ 行人(행인) : 行(갈 **행**), 人(사람 **인**) ▸ 길 가는 사람
④ 小心(소심) : 小(작을 **소**), 心(마음 **심**) ▸ 조심성이 많음

28. 정답 ▸ ①

〈해설〉 장자 : 長子 - 长子, 長(길 **장**), 子(아들 **자**) ▸ 맏아들

29. 정답 ▸ ②

〈해설〉 마차 : 馬車 - 马车, 馬(말 **마**), 車(수레 **차**) ▸ 말이 끄는 수레

30. 정답 ▸ ④

〈해설〉 ① 수면 : 水面 - 水面, 水(물 **수**), 面(낯 **면**) ▸ 물 위
② 형제 : 兄弟 - 兄弟, 兄(맏 **형**), 弟(아우 **제**) ▸ 형과 아우
③ 자주 : 自主 - 自主, 自(스스로 **자**), 主(주인 **주**)
▸ 남의 보호나 간섭을 받지 않고 독립하여 행함
④ 대학 : 大學 - 大学, 大(큰 **대**), 學(배울 **학**) ▸ 단과대학

이제 한중일한자시험 9급을 합격할 수 있습니다.
지금 응시하세요.
그리고 2단계(8급)를 준비하세요.
수고하셨습니다.

한국지식재단 제(　　)회 한중일한자시험 답안지 <4~9급 응시자용>

시행일 :	년 월 일
성 명 :	

*답안지 작성시 주의사항

1. 답안작성은 반드시 "컴퓨터용 사인펜"만을 사용하여 해당란에 까맣게(●)표기하시오.
2. 답안을 수정시에는 수정테이프를 사용하십시오.
3. 해당란에 답안을 두 개 이상 표기하거나 답안지를 훼손하였을 때는 실격처리됩니다.

지역번호	응시구분	수험번호
⓪⓪⓪	⓪⓪	⓪⓪⓪⓪⓪
①①①	①①	①①①①①
②②②	②②	②②②②②
③③③	③③	③③③③③
④④④	④④	④④④④④
⑤⑤⑤	⑤⑤	⑤⑤⑤⑤⑤
⑥⑥⑥	⑥⑥	⑥⑥⑥⑥⑥
⑦⑦⑦	⑦⑦	⑦⑦⑦⑦⑦
⑧⑧⑧	⑧⑧	⑧⑧⑧⑧⑧
⑨⑨⑨	⑨⑨	⑨⑨⑨⑨⑨

응시급수	
4급	○
5급	○
6급	○
7급	○
8급	○
9급	○

*주의사항 참조

시험지 유형	
A형	○
B형	○

감독위원 확인란
1. 지역, 응시급수, 수험번호 2. 본인여부 확인
印
*감독위원 날인이 없으면 무효처리됨

답안지 표기란

1	① ② ③ ④	25	① ② ③ ④	49	① ② ③ ④	73	① ② ③ ④	97	① ② ③ ④
2	① ② ③ ④	26	① ② ③ ④	50	① ② ③ ④	74	① ② ③ ④	98	① ② ③ ④
3	① ② ③ ④	27	① ② ③ ④	51	① ② ③ ④	75	① ② ③ ④	99	① ② ③ ④
4	① ② ③ ④	28	① ② ③ ④	52	① ② ③ ④	76	① ② ③ ④	100	① ② ③ ④
5	① ② ③ ④	29	① ② ③ ④	53	① ② ③ ④	77	① ② ③ ④	101	① ② ③ ④
6	① ② ③ ④	30	① ② ③ ④	54	① ② ③ ④	78	① ② ③ ④	102	① ② ③ ④
7	① ② ③ ④	31	① ② ③ ④	55	① ② ③ ④	79	① ② ③ ④	103	① ② ③ ④
8	① ② ③ ④	32	① ② ③ ④	56	① ② ③ ④	80	① ② ③ ④	104	① ② ③ ④
9	① ② ③ ④	33	① ② ③ ④	57	① ② ③ ④	81	① ② ③ ④	105	① ② ③ ④
10	① ② ③ ④	34	① ② ③ ④	58	① ② ③ ④	82	① ② ③ ④	106	① ② ③ ④
11	① ② ③ ④	35	① ② ③ ④	59	① ② ③ ④	83	① ② ③ ④	107	① ② ③ ④
12	① ② ③ ④	36	① ② ③ ④	60	① ② ③ ④	84	① ② ③ ④	108	① ② ③ ④
13	① ② ③ ④	37	① ② ③ ④	61	① ② ③ ④	85	① ② ③ ④	109	① ② ③ ④
14	① ② ③ ④	38	① ② ③ ④	62	① ② ③ ④	86	① ② ③ ④	110	① ② ③ ④
15	① ② ③ ④	39	① ② ③ ④	63	① ② ③ ④	87	① ② ③ ④	111	① ② ③ ④
16	① ② ③ ④	40	① ② ③ ④	64	① ② ③ ④	88	① ② ③ ④	112	① ② ③ ④
17	① ② ③ ④	41	① ② ③ ④	65	① ② ③ ④	89	① ② ③ ④	113	① ② ③ ④
18	① ② ③ ④	42	① ② ③ ④	66	① ② ③ ④	90	① ② ③ ④	114	① ② ③ ④
19	① ② ③ ④	43	① ② ③ ④	67	① ② ③ ④	91	① ② ③ ④	115	① ② ③ ④
20	① ② ③ ④	44	① ② ③ ④	68	① ② ③ ④	92	① ② ③ ④	116	① ② ③ ④
21	① ② ③ ④	45	① ② ③ ④	69	① ② ③ ④	93	① ② ③ ④	117	① ② ③ ④
22	① ② ③ ④	46	① ② ③ ④	70	① ② ③ ④	94	① ② ③ ④	118	① ② ③ ④
23	① ② ③ ④	47	① ② ③ ④	71	① ② ③ ④	95	① ② ③ ④	119	① ② ③ ④
24	① ② ③ ④	48	① ② ③ ④	72	① ② ③ ④	96	① ② ③ ④	120	① ② ③ ④

한국지식재단 제(　　)회 한중일한자시험 답안지 <4~9급 응시자용>

시행일 :　　년　　월　　일

성　명 :

*답안지 작성시 주의사항

1. 답안작성은 반드시 "컴퓨터용 사인펜"만을 사용하여 해당란에 까맣게(●)표기하시오.
2. 답안을 수정시에는 수정테이프를 사용하십시오.
3. 해당란에 답안을 두 개 이상 표기하거나 답안지를 훼손하였을 때는 실격처리됩니다.

지역번호	응시구분	수험번호
⓪⓪⓪	⓪⓪	⓪⓪⓪⓪⓪
①①①	①①	①①①①①
②②②	②②	②②②②②
③③③	③③	③③③③③
④④④	④④	④④④④④
⑤⑤⑤	⑤⑤	⑤⑤⑤⑤⑤
⑥⑥⑥	⑥⑥	⑥⑥⑥⑥⑥
⑦⑦⑦	⑦⑦	⑦⑦⑦⑦⑦
⑧⑧⑧	⑧⑧	⑧⑧⑧⑧⑧
⑨⑨⑨	⑨⑨	⑨⑨⑨⑨⑨

응시급수	
4급	○
5급	○
6급	○
7급	○
8급	○
9급	○

*주의사항 참조

시험지 유형	
A형	○
B형	○

감독위원 확인란

1. 지역, 응시급수, 수험번호
2. 본인여부 확인

㊞

*감독위원 날인이 없으면 무효처리됨

답안지 표기란

1	① ② ③ ④	25	① ② ③ ④	49	① ② ③ ④	73	① ② ③ ④	97	① ② ③ ④
2	① ② ③ ④	26	① ② ③ ④	50	① ② ③ ④	74	① ② ③ ④	98	① ② ③ ④
3	① ② ③ ④	27	① ② ③ ④	51	① ② ③ ④	75	① ② ③ ④	99	① ② ③ ④
4	① ② ③ ④	28	① ② ③ ④	52	① ② ③ ④	76	① ② ③ ④	100	① ② ③ ④
5	① ② ③ ④	29	① ② ③ ④	53	① ② ③ ④	77	① ② ③ ④	101	① ② ③ ④
6	① ② ③ ④	30	① ② ③ ④	54	① ② ③ ④	78	① ② ③ ④	102	① ② ③ ④
7	① ② ③ ④	31	① ② ③ ④	55	① ② ③ ④	79	① ② ③ ④	103	① ② ③ ④
8	① ② ③ ④	32	① ② ③ ④	56	① ② ③ ④	80	① ② ③ ④	104	① ② ③ ④
9	① ② ③ ④	33	① ② ③ ④	57	① ② ③ ④	81	① ② ③ ④	105	① ② ③ ④
10	① ② ③ ④	34	① ② ③ ④	58	① ② ③ ④	82	① ② ③ ④	106	① ② ③ ④
11	① ② ③ ④	35	① ② ③ ④	59	① ② ③ ④	83	① ② ③ ④	107	① ② ③ ④
12	① ② ③ ④	36	① ② ③ ④	60	① ② ③ ④	84	① ② ③ ④	108	① ② ③ ④
13	① ② ③ ④	37	① ② ③ ④	61	① ② ③ ④	85	① ② ③ ④	109	① ② ③ ④
14	① ② ③ ④	38	① ② ③ ④	62	① ② ③ ④	86	① ② ③ ④	110	① ② ③ ④
15	① ② ③ ④	39	① ② ③ ④	63	① ② ③ ④	87	① ② ③ ④	111	① ② ③ ④
16	① ② ③ ④	40	① ② ③ ④	64	① ② ③ ④	88	① ② ③ ④	112	① ② ③ ④
17	① ② ③ ④	41	① ② ③ ④	65	① ② ③ ④	89	① ② ③ ④	113	① ② ③ ④
18	① ② ③ ④	42	① ② ③ ④	66	① ② ③ ④	90	① ② ③ ④	114	① ② ③ ④
19	① ② ③ ④	43	① ② ③ ④	67	① ② ③ ④	91	① ② ③ ④	115	① ② ③ ④
20	① ② ③ ④	44	① ② ③ ④	68	① ② ③ ④	92	① ② ③ ④	116	① ② ③ ④
21	① ② ③ ④	45	① ② ③ ④	69	① ② ③ ④	93	① ② ③ ④	117	① ② ③ ④
22	① ② ③ ④	46	① ② ③ ④	70	① ② ③ ④	94	① ② ③ ④	118	① ② ③ ④
23	① ② ③ ④	47	① ② ③ ④	71	① ② ③ ④	95	① ② ③ ④	119	① ② ③ ④
24	① ② ③ ④	48	① ② ③ ④	72	① ② ③ ④	96	① ② ③ ④	120	① ② ③ ④

1 단계 9급

술술 풀리는 한중일한자

발행처 K 경 록

교육처 한중일한자교육개발원

발행일 2014. 02. 20

인쇄일 2014. 02. 20

발행자 李星兌

저 자 한중일한자연구소

주 소 서울시 강남구 영동대로 114길 7(삼성동 91-24) 경록사옥
www.kcjc.co.kr

전 화 02) 3445-0400

팩 스 02) 542-3973

등 록 제16-496호

정 가 9,000원

ISBN 978-89-5646-695-8

이제 한중일한자시험 9급을 합격할 수 있습니다.

지금 응시하세요.

그리고 2단계(8급)를 준비하세요.

수고하셨습니다.